지구를 위해 달려라
로보틱스

내일의 공학 02
지구를 위해 달려라, 로보틱스

초판 1쇄 펴낸날   2022년 9월 26일
초판 3쇄 펴낸날   2025년 12월 1일

글	박열음
그림	이해정
펴낸이	홍지연

편집	홍소연 고영완 이태화 김지예 이수진 정유나
디자인	이정화 박태연 정든해 이설
마케팅	강점원 원숙영 김신애 김가영 김동휘
경영지원	정상희 배지수
저작권	한지훈

펴낸곳	㈜우리학교
출판등록	제313-2009-26호(2009년 1월 5일)
제조국	대한민국
주소	04029 서울시 마포구 동교로12안길 8
전화	02-6012-6094
팩스	02-6012-6092
홈페이지	www.woorischool.co.kr
이메일	woorischool@naver.com

ⓒ박열음, 이해정, 2022
ISBN 979-11-6755-072-9 (73550)

• 책값은 뒤표지에 적혀 있습니다.
• 잘못된 책은 구입한 곳에서 바꾸어 드립니다.

• 사진 저작권
  표지, 21, 28, 36, 49, 66, 83쪽 ⓒ셔터스톡
  39, 44, 56, 58, 90, 92, 95, 101, 119쪽 ⓒ헬로아카이브
• 이 책은 산업통상자원부의 지원을 받아 NAEK한국공학한림원과 ㈜우리학교가 발간합니다.

만든 사람들
편집   탁산화
아트디렉팅   Studio Marzan   **디자인**   이든디자인

내일의 공학 02

지구를 위해 달려라
로보틱스

박열음 글 ◆ 이해정 그림

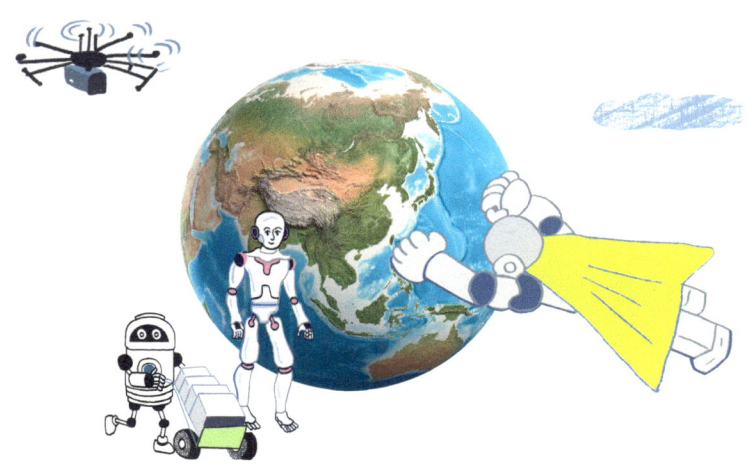

우리학교

머리말

지구를 지켜 줄 친구, 로봇

옛날에는 TV에 지구를 지키는 로봇들의 이야기를 다룬 애니메이션이 많이 방영되었어요. 지구를 침략한 외계인들과 싸우는 로봇의 이야기는 아주 오래 전부터 인기였답니다.

주인공 로봇들은 대부분 우주에서 온 또 다른 외계인의 정신이 깃든 로봇이거나, 천재 과학자가 만들어 낸 로봇이었어요. 하지만 그중에 특이한 로봇도 있었어요. 바로 지구를 지키려는 지구의 수호신 로봇이었어요. 아주 오래 전부터 모습을 바꿔 가며 지구를 지켜 온 지구의 수호신들이, 로봇의 모습이 되어 지구를 지키러 나온 것이었지요.

로봇들은 외계인과 맞서 싸우기도 했지만, 동물들을 보호하거나 갈라지는 땅을 붙잡아 화산 폭발을 막아 내기도 했어요.

얼핏 보면 로봇과 지구 환경은 잘 어울리지 않아 보여요. 로봇은 최첨단 기술을 모아 만들어 내는 것인데, 기술 발전이 환경을 파괴한다고 말하는 사람이 많으니까요. 첨단 기술인 로봇도 환경을 파괴하는 게 아닐까요?

사실 전혀 그렇지 않아요! 로봇에 깃든 지구의 수호신뿐 아니라, 첨단 기술로 만든 현실의 로봇도 지구를 지키고 환경을 보존하는 데 도움이 될 수 있답니다.

로봇을 포함한 첨단 기술은 우리가 어떻게 사용하느냐에 따라 달라져요. 첨단 기술을 활용해 자연을 복원할 수도 있지요. 한 예로 황새는 우리나라에서 한때 멸종했어요. 하지만 외국에 남아 있던 황새를 길러 자연에 돌려주려 한 노력 덕분에 우리나라에서도 다시 황새를 찾아볼 수 있게 되었어요.

기술이 발전하면서 로봇은 앞으로 더 많아질 거예요. 로봇은 우리를 도와 여러 일을 하는 도우미일 뿐 아니라, 우리와 함께 지구 위에서 살아갈 친구랍니다. 이제 로봇과 함께 지구를 지키러 떠나 볼까요?

목 차

1. 지구를 위해 일하는 로봇 일꾼 ◆ 9

로봇, 너 정체가 뭐니? ◆ 10
이 멋진 걸 누가 만들까? ◆ 16
로봇은 지치지 않는 청소부 ◆ 20
쓰레기를 먹는다고? ◆ 25
바다의 쓰레기통 ◆ 31
재활용, 걱정 마세요! ◆ 38

환경 탐정 뀨와 공학특공대 ◆ 44
기름띠를 막아라!

2. 로봇 환경 감시대 ◆ 47

어디에 숨었을까? ◆ 48
강을 헤엄치는 로봇 물고기 ◆ 56
호수를 지키는 백조 ◆ 60
미세먼지를 찾아라 ◆ 66

환경 탐정 뀨와 공학특공대 ◆ 70
오염은 어디서 시작되었을까?

3. 지구 곳곳을 누비는 로봇 친구들 ◆ 73

과학자의 눈과 귀가 되어 주는 친구 ◆ 74
잡아먹지 마세요 ◆ 79
얼음 속 로봇들 ◆ 83
화산 속에도 로봇이? ◆ 88

환경 탐정 끆와 공학특공대 ◆ 94
산호에게 무슨 일이 벌어졌을까?

4. 위험과 싸우는 로봇 특공대 ◆ 97

화려하진 않아도 튼튼해요 ◆ 98
무서운 방사능도 견디는 로봇 ◆ 100
폭탄을 막아라! ◆ 105
우주를 날아다니는 로봇 ◆ 108
함께 지키는 지구 ◆ 112

환경 탐정 끆와 공학특공대 ◆ 118
원자력 발전소에 무슨 일이?

지구를 위해 일하는 로봇 일꾼

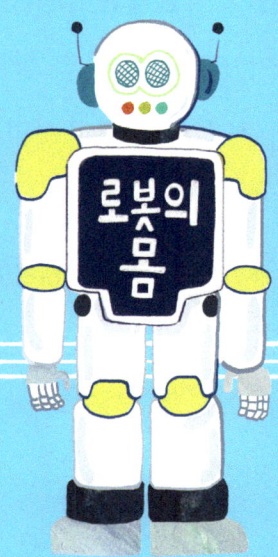

로봇, 너 정체가 뭐니?

로봇! 듣기만 해도 두근두근한 이름이에요. 자동차로 변신하는 로봇, 날아다니며 빔을 쏘는 로봇, 사람과 똑같이 생긴 로봇, 우리 곁에서 여러 가지 일을 도와주는 로봇 등 영화나 게임만 봐도 다양한 로봇이 등장해요.

여러분도 알고 있겠지만 로봇은 첨단 기술을 모두 끌어모은 과학의 결정체랍니다. 로봇의 두뇌는 인간의 행동을 학습하는 인공지능 기술인 AI 기술로 만들어져요. 로봇의 몸은 아주 튼튼한 합금과 강철만큼 단단하면서도 가벼운 특수 플라스틱으로 만들지요. 로봇에 에너지를 공급하는 심장에는 강력한 발전기나 많은 에너지를 담는 배터리가 들어가고요. 로봇의 팔다리를 움직이는 것은 강한 힘을 내면서도, 아주 섬세하게 움직일 수 있는 고성능 전기 모터예요.

덕분에 로봇은 아주 강인한 몸과 뛰어난 성능을 지니고, 사람이 하기 힘든 일도 척척 할 수 있어요.

그럼 로봇은 이렇게 멋지고 근사하기만 할까요? 꼭 그렇지는 않아요. 단순한 로봇도 많이 있거든요.

예를 들어 자동차 제조 공장에서 자동차를 조립하는 커다란 기계 팔도 로봇이에요. 버튼만 누르면 스스로 집 안을 요리조리 돌아다니며 먼지를 빨아들이는 청소기도 로봇이지요.

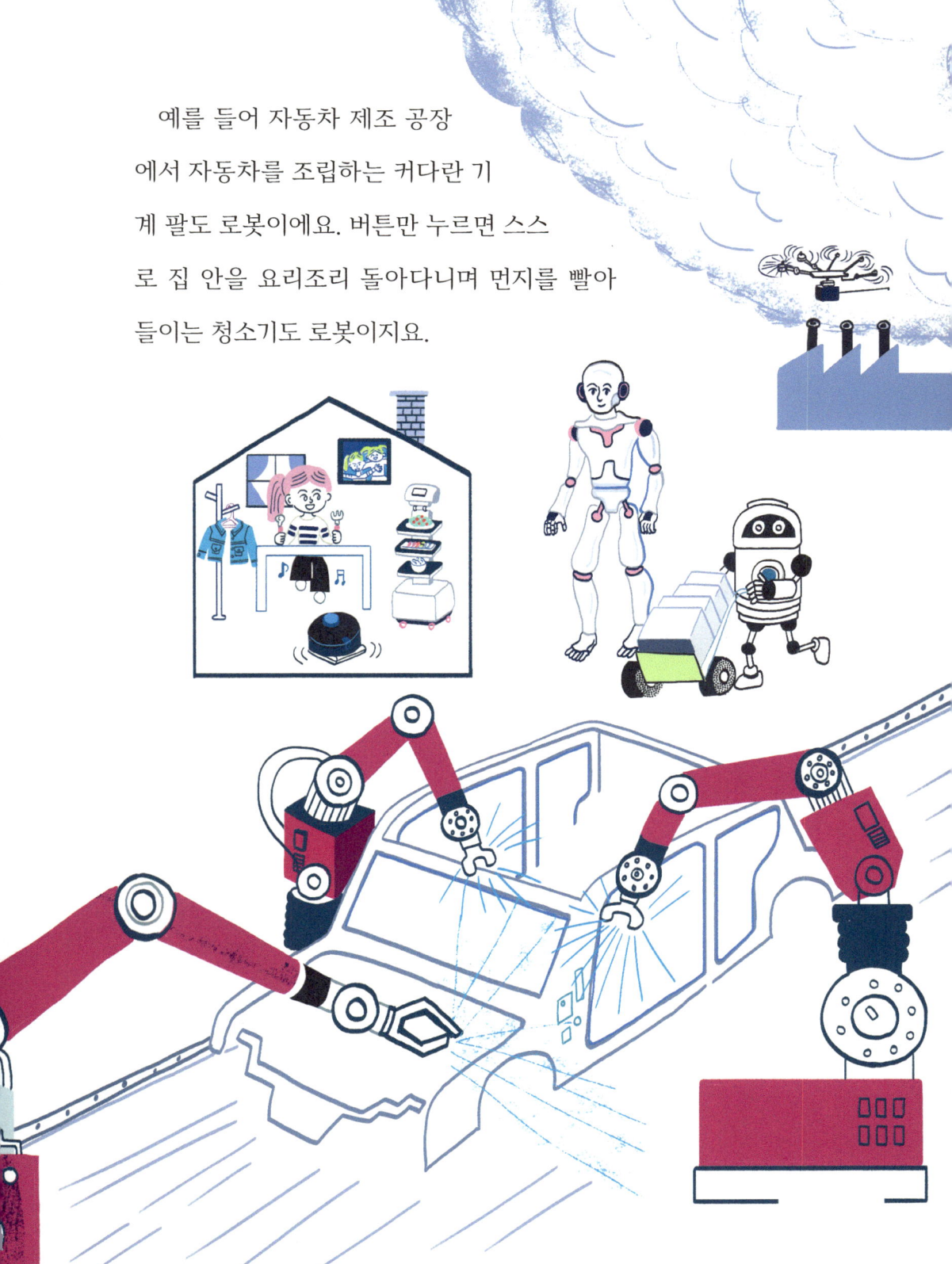

사람이 일일이 명령하지 않아도 스스로 일을 할 수 있는 기계, 그게 바로 로봇이에요. 꼭 커다랗거나, 사람과 비슷한 모양새를 가져야 하는 것은 아니지요. 로봇은 우리의 상상 속에만 있는 게 아니에요. 이미 우리 생활 곳곳에서 쓰이고 있답니다.

혹시 악당과 싸워 정의를 지키는 멋진 로봇을 상상했는데, 기대에 못 미쳐 김이 빠졌나요? 그렇다면 지구의 위기에 맞서는 최고의 로봇에 관한 이야기는 어때요?

지구의 위기에 맞선다니, 지구에 무슨 일이 벌어진 걸까요? 혹시 외계인의 침공? 아니면 무시무시한 전쟁? 물론 그런 것도 아주 위험해요. 하지만 지금 당장 지구가 직면한 위기는 바로 환경 오염이랍니다. 다양한 쓰레기와 오염 물질 등이 지구를 위협하고 있거든요. 지구 환경이 망가지면 사람도 살아갈 수 없어요. 그래서 지구 환경을 지키기 위해 로봇들이 나선 거예요!

물론 지구를 위해 일하는 로봇은 아직 많은 연구가 필요해요. 스스로 움직이며 지구를 지키는 로봇에게는 여러 가지 변수가 생길 수 있기 때문이에요. 아주 성능이 뛰어난 AI를 지닌 로봇에게 환경 오염을 막으라는 명령을 내렸다고 생각해 보세요. 로봇은 열심히 돌아다니며 지구를 위해 일할 거예요.

하지만 혹시나, AI가 환경 오염의 원인을 인간 그 자체라고 생각하게 된다면 어떤 일이 일어날까요? 로봇이 사람을 마구 공격하는 일이 벌어지거나 사태가 한층 더 심각해져, 인류를 공격하는 로봇 군대가 나타날지도 몰라요! 정말 무시무시한 일이에요. 실제로 옛날 공상 과학 소설이나 애니메이션, 최신 영화 등에 자주 등장하는 소재이기도 하고요.

그렇다고 너무 걱정하지는 마세요. 당장 로봇이 반란을 일으켜 우리를 공격할 일은 없을 테니까요. 다만 사람이 없는 곳에서 AI 로봇이 움직이면 우리가 생각하지 못한 사고가 일어날 수도 있다는 것은 알아 둬야 해요. 그래서 연구도 필요한 것이지요. 로봇 스스로 무언가를 하도록 시키는 것은 이렇게 어렵답니다.

이런 문제에도 불구하고, 로봇이 가진 장점을 잘 활용한다면 로봇은 지구를 지키는 데 아주 큰 도움이 될 거예요. 지금도 여러 과학자와 공학자가 지구 환경을 지키는 로봇을 만들기 위해 머리를 모아 고민하고 있지요.

**장점을 잘 활용한다면
로봇은 지구를 지키는 데
아주 큰 도움이 될 거예요.**

이 멋진 걸 누가 만들까?

　영화나 만화에 나오는 로봇들은 외계인이나 우주의 신비한 힘으로 만들어져요. 혹은 숨은 과학자가 몰래 로봇을 만들어 짠! 하고 등장시키기도 하지요. 하지만 현실에서 로봇은 이렇게 만들어지지 않는답니다. 수많은 과학자와 공학자 그리고 기술자가 힘을 합쳐 로봇을 만들고 있지요. 이렇게 로봇을 설계하고 연구하는 분야를 '로봇공학'이라고 해요.

　로봇공학에서 연구하는 내용은 너무나 방대하고 복잡해서 일일이 다 설명하기 어려워요. 로봇을 만들기 위해서는 알고 있어야 하는 학문이 정말 많거든요.

　예를 들어 인공 지능 로봇을 만든다고 생각해 보세요. 당연히 인공 지능에 대해 아주 잘 알고 있어야 해요. 그럼 인공 지능을 연구하는 과학자만으로 충분할까요? 그렇지 않아요. 로봇을 만드는 로봇공학자라면 로봇과 관련된 다양한 분야의 것들을 모두 알고 있어야 한답니다.

우선 인공 지능과 인공 지능이 들어갈 두뇌, 즉 컴퓨터와 반도체에 대해 알아야 해요. 컴퓨터라고 해도 모두 같은 컴퓨터가 아니잖아요? 어떤 컴퓨터는 단순 계산을 잘하고, 어떤 컴퓨터는 게임을 잘 실행하고, 어떤 컴퓨터는 인공 지능을 잘 활용해요. 로봇공학자라면 인공 지능이 들어갈 수 있는, 딱 맞는 컴퓨터를 설계하고 만들 수 있어야 해요.

로봇의 손을 만드는 것도 쉬운 일이 아니에요. 손가락 하나하나를 마음대로 움직이고 멈출 수 있는 아주 정밀한 모터가 필요하거든요. 이런 모터를 만들어 내고 조립하는 일에는 아주 수준 높은 과학 기술이 요구되지요.

인간의 손가락 관절은 열다섯 개나 되는데, 이 관절들이 모두 정확히 움직여야 작은 물건을 집거나 젓가락을 쓰는 등의 복잡한 동작을 할 수 있어요. 그러다 보니 로봇의 손을 사람의 손처럼 정밀하게 제어하는 일은 정말 어려워요. 이러한 기술을 전문적으로 연구하는 '제어공학'이라는 분야가 따로 있을 정도랍니다. 이 제어공학도 로봇공학에 꼭 필요한 부분이에요.

이렇듯 로봇공학자는 여러 분야에 대한 지식을 두루 알고 있어야 해요. 한 분야만 잘 알아서는 안 돼요. 다른 분야를 공부하고 또 다른 전문가와 힘을 합쳐야 하나의 로봇을 완성할 수 있지요.

최첨단 로봇의 경우, 여러 분야의 전문가가 함께 연구하고 작업해야 하기 때문에 대부분 대학교의 연구실이나 국가에서 세운 단체에 모여 로봇을 만들어요. 대학교에서 컴퓨터, 반도체, 인공 지능, 모터, 배터리 등 각자의 분야를 공부한 사람들이 커다란 연구실에서 함께 연구하며 로봇을 만들지요.

로봇은 지치지 않는 청소부

　매년 여름이 되면 많은 사람이 해변으로 복작복작 몰려들어요. 모래사장에 돗자리를 펴고 파라솔을 펼친 채 시원한 바다에서 놀기 위해서예요. 그런데 사람이 많이 오가는 만큼 쓰레기도 정말 많이 나와요.

　쓰레기를 아무리 잘 정리한다 해도 곳곳에 버려지는 쓰레기가 생기기 마련이에요. 게다가 생각 없이 바닷가에 쓰레기를 던지는 사람들도 많답니다. 특히 해변에 버려진 담배꽁초는 정말 큰 문제예요. 작아서 잘 보이지 않아, 모래사장 위에선 찾아내기가 어렵거든요.

　모래사장에서 뛰어노는데, 담배꽁초가 밟힌다고 생각해 보세요. 정말 끔찍할 거예요! 담배꽁초는 사람뿐 아니라 바다 생물에게도 아주 해로워요. 바닷물에 잠긴 담배꽁초에서 여러 가지 유해 물질이 나와, 바다 생물들을 위협하거든요. 이처럼 위험한 담배꽁초를 효과적으로 치울 방법이 없을까요?

　그래서 등장한 것이 바로 담배꽁초를 치우는 로봇이에요. 작고 단순해 보이지만, 사실은 첨단 기술로 무장하고 지구를 지키는 로봇이지요.

네덜란드의 테크틱스라는 회사에서 만든 이 로봇의 이름은 해변 로봇이라는 뜻의 '비치봇'이에요. 비치봇은 우주선처럼 뭉툭한 몸체에 작은 바퀴가 네 개 달려 있어요. 단순한 모습을 하고 있지만 널찍한 바퀴 덕분에 모래사장에서도 푹푹 빠지지 않고 움직일 수 있답니다.

비치봇에는 튼튼한 플라스틱 갈퀴가 있는데, 이 갈퀴로 담배꽁초를 집어요. 그러면 모래는 갈퀴 틈새로 빠져나가고 담배꽁초만 주울 수 있어요.

비치봇을 만들 때 가장 어려운 일은 바로 담배꽁초를 제대로 구분하게 하는 일이었어요. 모래사장에 버려진 담배꽁초는 이리저리 밟히고 굴러다니며 터지고 뭉개져 모양이 이상하게 변하거든요. 게다가 모래가 묻거나, 반쯤 모래 속에 파묻힌 경우도 많아 얼핏 보면 담배꽁초인지, 모래 속에 파고든 조개인지, 돌멩이인지 구분하기 힘들 때가 많았어요.

비치봇은 이 문제를 어떻게 해결했을까요? 답은 아주 간단해요! AI가 스스로 담배꽁초를 구분하도록 학습시킨 것이지요.

먼저 인터넷에 있는 수많은 담배꽁초 사진을 비치봇에게 보여 주었어요. 그리고 해변으로 나가 직접 담배꽁초의 사진을 찍어 오도록 했지요. 그러면서 비치봇은 해변에 버려진 담배꽁초를 어떻게 구분할지 스스로 익혔답니다.

당시 네덜란드의 작은 회사였던 테크틱스사는 충분한 수의 담배꽁초 사진을 구할 수 없었어요. 그때 미국의 컴퓨터 소프트웨어 회사인 마이크로소프트사가 나서, 수많은 담배꽁초 사진을 제공해 줬어요. 덕분에 비치봇은 해변의 담배꽁초를 구분할 수 있게 되었지요.

이처럼 반복 학습으로 컴퓨터를 교육하는 것을 '딥러닝'이라고 해요. 딥러닝 AI 덕분에 비치봇은 사람도 찾아내기 어려운 모래사장 담배꽁초를 놓치지 않고 청소할 수 있게 된 거예요.

비치봇은 아직도 많은 연구가 필요해요. 사람을 피하는 기능이 없어, 정작 담배꽁초가 가장 많이 버려지는 여름에는 무용지물이거든요. 또 배터리를 최대로 충전해도 한 시간 정도밖에 움직이지 못해요. 로봇의 가장 큰 장점은 사람과 달리 지치지 않는다는 것인데, 배터리가 이렇게 빨리 소모된다면 차라리 사람이 나서는 편이 나을지도 모르잖아요?

> **딥러닝 AI**는 여러 대의 작은 컴퓨터를 우리 뇌나 신경 세포와 비슷하게 얽어 놓은 신경망 컴퓨터가 필요합니다. 신경망 컴퓨터에 속한 작은 컴퓨터끼리 서로 계산을 주고받아 올바른 답을 내어놓는 구조랍니다.

이런 문제가 해결된다면 해변마다 돌아다니며 모래사장의 담배꽁초를 치우는 비치봇의 모습을 쉽게 볼 수 있을지도 몰라요. 담배꽁초뿐 아니라 비닐이나 빈 병 등 다른 쓰레기까지 치울 수 있다니 아름다운 해변의 모습을 지키는 데 도움이 될 거예요. 물론 가장 좋은 방법은 해변에 쓰레기를 버리지 않는 것이겠지만요.

작고 단순해 보이는
로봇이지만 사실은
첨단 기술로 무장하고
지구를 지킨답니다.

쓰레기를 먹는다고?

네덜란드에 사는 보얀 슬랫은 취미로 스쿠버 다이빙을 즐기는 평범한 대학생이었어요. 어느 날 보얀 슬랫은 바다에 떠다니는 플라스틱을 보고 충격을 받은 뒤 그것들을 치울 아이디어를 떠올렸어요. 그는 사람들을 불러 모으고, 여러 기업과 부자들에게 투자를 받아 돈을 마련했어요. 그리고 그 돈으로 바다의 쓰레기를 수거하는 장비를 만들었지요.

장비의 원리는 간단했어요. 커다란 배 한 대나 작은 배 두 대가 U자 모양의 튜브를 끌고 다니는 거예요. 튜브에는 아래로 늘어지는 그물을 달았지요. 플라스틱 쓰레기는 물 위에 떠다니기 때문에, 튜브를 끌고 다니기만 해도 그물에 쓰레기가 걸려 바다가 깨끗해져요. 그렇게 모은 플라스틱은 재활용해 다시 플라스틱으로 쓸 수도 있었지요!

하지만 이 방법으로 바다의 플라스틱을 치우는 일은 실패하고 말았어요. 쓰레기가 많아지면 그물이 막히며 배의 속도가 점점 느려져 나중엔 거의 움직일 수가 없었거든요. 게다가 가끔 물고기나 바다거북이 그물에 걸리는 사고도 생겼고요.

이런 문제점을 해결하기 위해 여러 방면으로 연구하기도 했어요. 배의 숫자를 늘려 쉽게 끌고 다닐 수 있도록 하거나, 그물의 모양을 바꿔 쓰레기를 좀 더 잘 모으도록 하거나, 바다 생물들이 빠져나갈 통로를 만들기도 했지요. 하지만 충분한 효과를 내지는 못했어요. 배를 끌고 다니는 방법이 문제였지요. 큰 배를 움직이려면 많은 사람이 필요할 뿐만 아니라 연료도 필요했거든요.

무엇보다 문제를 근본적으로 해결하지 못했어요. 치울 수 있는 눈앞의 쓰레기는 바다에 떠다니는 수많은 쓰레기 중 아주 적은 일부분일 뿐이었지요.

최근에는 수상 드론을 이용해 바다의 쓰레기를 치우는 방법도 연구되고 있어요. 수상 드론은 하늘을 날아다니는 대신, 프로펠러를 이용해 바다 위를 작은 배처럼 다니는 드론이에요. 그러니까 물 위를 떠다니는 드론이지요.

> **드론**은 원래 무인 비행기를 가리키는 말이에요. 리모컨으로 조종하는 장난감 헬리콥터도 드론이고, 멋진 무인 제트기도 드론이지요. 하지만 요즘은 프로펠러가 여러 개 달린 무인 헬리콥터라는 의미로 통해요.

수상 드론은 거추장스러운 그물을 달고 다닐 필요도 없어요. 몸통을 좌우로 길고 납작하게 만들어, 몸통 전체를 그물처럼 사용하면 되니까요!

　드론을 조종하는 AI에게는 수많은 바다 쓰레기 사진을 보여 줘요. 비치봇에게 담배꽁초 구분하는 법을 가르친 것처럼 말이에요. 그러면 AI는 딥러닝을 통해 스스로 바다 쓰레기를 구분할 수 있게 돼요. 그리고 바다에 나가, 스스로 움직이며 쓰레기를 하나하나 직접 찾고 치우지요. 몸통으로 바다 쓰레기를 들이받듯 휩쓸고 지나가기만 해도 바다가 깨끗해지는 거예요. 이런 모습에 쓰레기를 잡아먹는 '쓰레기 상어'라는 이름이 붙기도 했답니다.

모래사장에서 움직이는 비치봇보다 간단해 보인다고요? 천만에요! 바다는 생각보다 훨씬 위험하고 험한 곳이랍니다. 갑자기 밀려오는 큰 파도에 쓰레기 상어가 거꾸로 뒤집혀 움직이지 못할 수도 있고, 지나가던 배를 제때 피하지 못해 사고가 날지도 몰라요.

게다가 배가 커다란 그물을 끌고 다니는 방법에 비하면, 작은 드론이 혼자 쓰레기를 치우는 속도는 아주 느려요. 또 바다에서 고장이 나면 그대로 큰 쓰레기가 되어 버린다는 문제도 있고요.

이런 한계들로 인해 쓰레기 상어는 항구 근처에서 쓰레기를 치울 때 쓰이고 있어요. 많은 양의 쓰레기를 치울 필요가 없고, 문제가 생기면 사람이 곧바로 고칠 수 있거든요.

앞으로 쓰레기 상어는 점점 더 발전하는 기술을 바탕으로 크기도 커지고, 속도도 빨라질 예정이에요. 태양 전지를 이용해 스스로 전기를 만들어 내면 매번 배터리를 충전할 필요도 없겠지요. 바다에는 나무나 빌딩처럼 빛을 가리는 장애물도 없으니 충전도 쉬울 테고요.

태양 전지는 햇빛을 이용해 전기를 만들어 내는 발전기예요. 햇빛만 있으면 연료를 넣지 않아도 계속 전기를 만들 수 있고, 오염 물질도 내뿜지 않아 스스로 움직이는 로봇의 연료로 활용될 수 있어요. 물론 비싼 반도체로 만들어져 가격이 비싸고 날씨에 따라 많은 양의 전기를 만들지 못한다는 단점도 있지만요.

　언젠가는 쓰레기 상어가 스스로 움직이며 해양 쓰레기를 전부 먹어 치워 바다를 깨끗하게 만들 날이 올지 몰라요. 그렇다고 쓰레기를 마구 버려도 된다는 말은 아니에요! 환경을 지키는 가장 확실한 방법은 처음부터 망가뜨리지 않는 것이니까요.

환경을 지키는 가장 확실한 방법은
처음부터 망가뜨리지
않는 거예요.

바다의 쓰레기통

　바다 위를 스스로 돌아다니며 쓰레기를 먹어 치우는 쓰레기 상어, 생각만 해도 참으로 멋지지 않나요?

　하지만 쓰레기 상어는 자주 돌아와 그물에 걸린 쓰레기를 비워야 해요. 고장이 나면 고치는 데도 오래 걸리지요. 쓰레기가 보이지 않는 어두운 밤에는 무용지물이 되기도 하고요. 무엇보다 쓰레기 상어는 너무 복잡하고 비싸요! 쓰레기 상어보다 훨씬 싼값에, 많은 양의 쓰레기를 효과적으로 치우는 기술은 없을까요? 여기 '씨빈'이라 불리는 바다의 쓰레기통이 바로 그런 기술이랍니다.

　씨빈(Seabin)은 바다를 의미하는 'Sea'와 쓰레기통을 의미하는 'Bin'이 합쳐진 말이에요. 호주에서 소형 보트를 만들던 사람들이 아이디어를 냈고, 세계 곳곳에서 크라우드 펀딩으로 돈을 모아 만들었지요.

> **크라우드 펀딩**은 물건을 만들기 전에 미리 사람들에게 물건에 관해 설명하고 돈을 먼저 받은 뒤 물건이 완성되면 보내 주는 행위예요. 톡톡 튀는 아이디어를 가졌지만 회사를 차리기엔 돈이 부족한 사람들이 크라우드 펀딩으로 신기한 발명품을 만들어 내곤 하지요.

씨빈은 아주 간단한 기술만 있으면 만들 수 있어요. 물에 아슬아슬하게 잠기는 고리를 만든 뒤, 물을 빨아들이는 물 펌프와 연결해요. 고리 아래로는 쓰레기를 가두는 그물을 달고요.

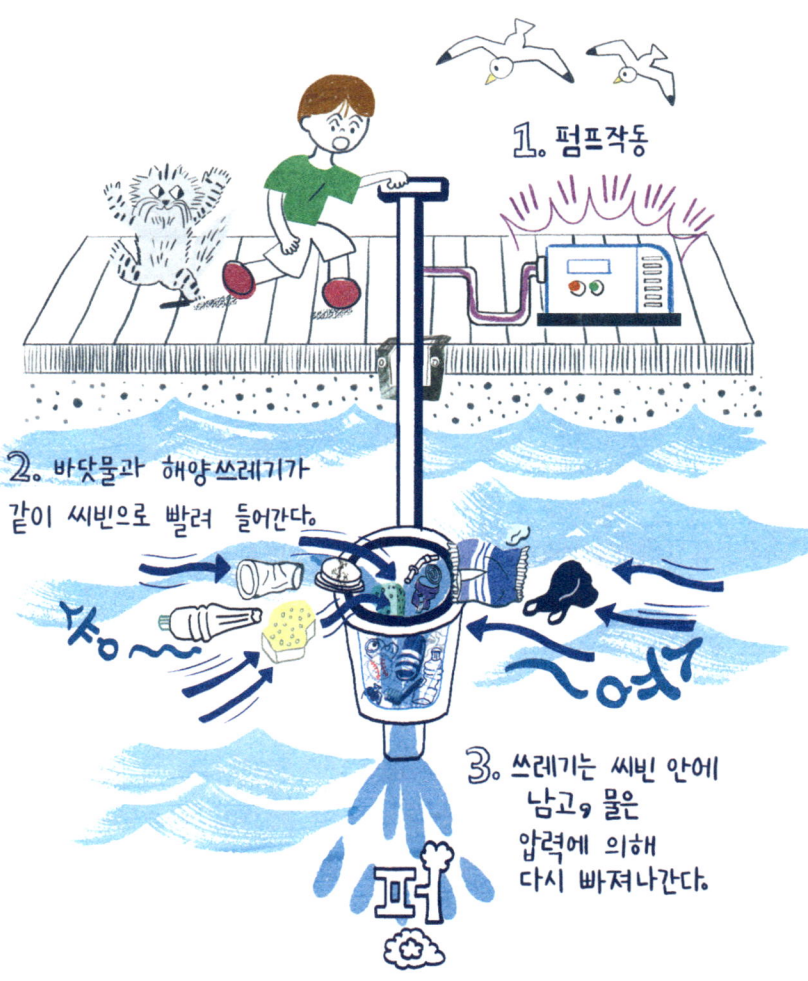

펌프를 작동시키면 펌프는 고리 위쪽의 물을 아래로 세게 빨아들인 뒤, 아래의 그물로 뿜어내요. 그러면 물 위에 떠다니던 플라스틱 쓰레기는 꼭 진공청소기에 빨려 들어가는 쓰레기처럼 씨빈 안으로 쏙 들어가게 되지요.

씨빈은 바다 한복판에 있는 쓰레기는 청소하지 못해요. 물 펌프를 설치할 수 있는 해안가 근처에서만 작동하기 때문이에요. 그래서 항구와 가까이 있는 쓰레기만 치울 수 있어요.

하지만 씨빈이 쓰레기를 치운 덕분에, 바다로 떠내려가는 쓰레기가 줄어들게 되었어요. 가격이 비싸 구하기 어렵고, 다루기도 힘든 쓰레기 상어보다 효과도 좋답니다. 이렇게 간단하게 만들어지고, 성능이 아주 뛰어나진 않지만 필요한 곳에 유용하게 쓰이는 기술을 '적정 기술'이라고 해요.

보통 적정 기술은 수도나 전기 시설이 없을 정도로 가난한 나라에서 주로 쓰여요. 흙탕물을 깨끗하게 정화해 마실 수 있도록 도와주는 기술이나, 전기는 물론, 장작도 구하기 힘들 때 태양열을 이용해 음식을 익혀 먹을 수 있도록 한 기술 등이 바로 그런 것들이지요.

그러면 적정 기술은 가난한 사람들만을 위한 기술일까요? 항상 그렇지는 않아요. 적정 기술은 주어진 환경에서 가능한 한 적은 돈과 노력을 들여 원하는 목표를 이루는 기술을 말하거든요. 그러니 싸고 간단하고 효과적인 씨빈은 적정 기술의 일종이라고 할 수 있지요.

그럼 씨빈을 로봇이라고 부를 수는 있을까요? 물론이에요! 로봇은 사람의 지시나 조종 없이 자동으로 어떤 작업을 하는 기계를 뜻하니까요. 씨빈은 펌프의 전원만 켜 두면 스스로 물을 빨아들이며 계속 주변의 쓰레기를 치워요. 넓은 의미에서 씨빈도 엄연히 로봇의 한 종류랍니다.

한편 씨빈에 펌프를 연결하는 대신, 모터와 태양 전지를 달아 작동하게 하려는 시도가 있었어요. 씨빈의 약점을 보완해 성능을 더 높이려 한 것이지요.

성공만 하면 전기도 필요하지 않고 항구 옆에 붙어 있을 필요도 없는 씨빈이 탄생할 거예요! 아직 실험 단계라 널리 사용되고 있지 않지만, 완성된다면 이 새로운 씨빈은 바다를 누비며 멋지게 활약하겠지요?

항아리 냉장고

지역에 발전을!
적은 비용으로
머니메이커
특별한 지식이 없어도
Q드럼
G세이버
씨빈
간단하게

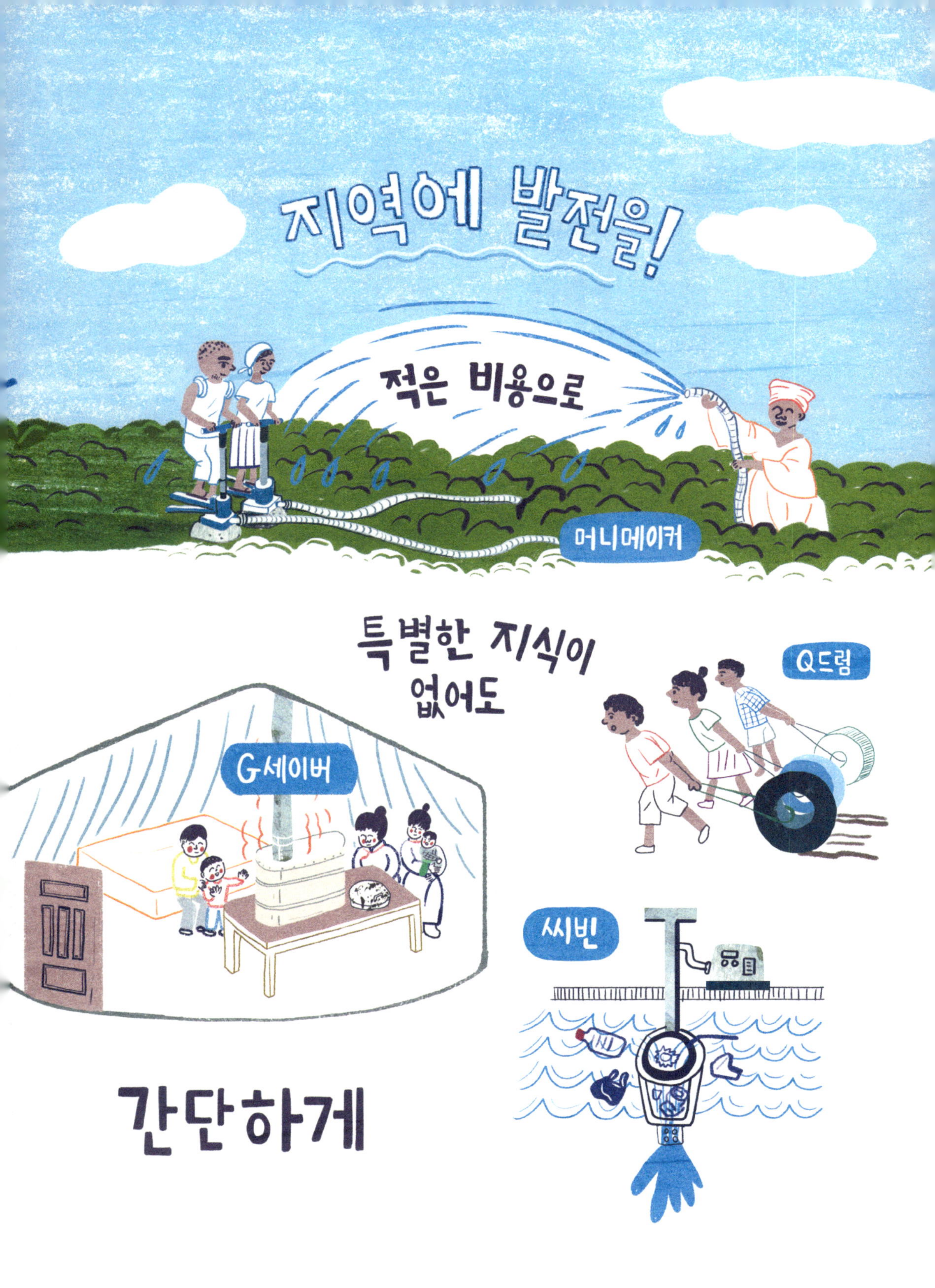

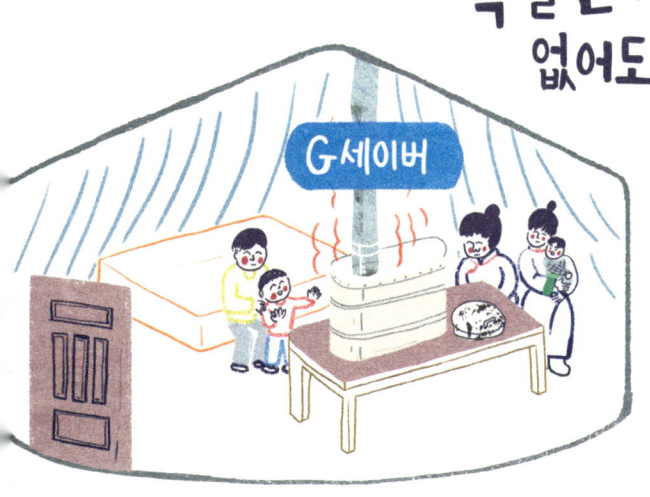

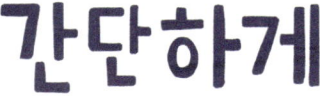

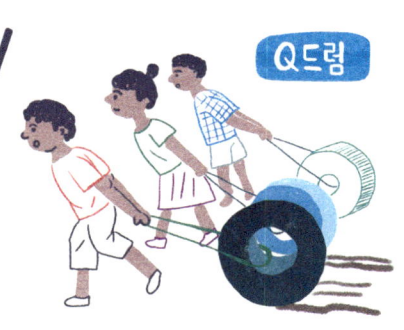

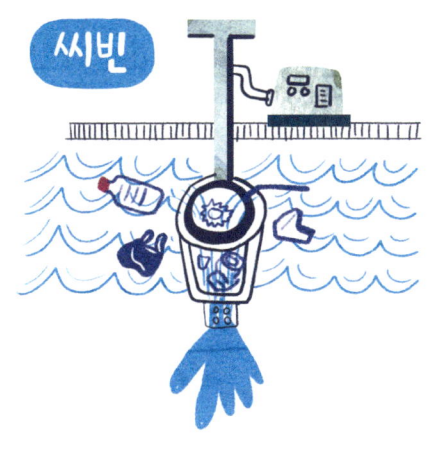

물론 씨빈도 만능은 아니에요. 조금 큰 쓰레기나 물에 잠긴 쓰레기 등 씨빈이 청소하지 못하는 쓰레기도 많거든요. 하지만 인간은 다양한 실험과 시도를 통해 지금껏 새로운 방법을 찾아 왔잖아요?

간단한 쓰레기는 씨빈이 빨아들이고, 씨빈이 치우지 못하는 쓰레기는 쓰레기 상어가 치우며 두 로봇이 힘을 합치는 건 어떨까요?

태양열 전지를 이용하면 씨빈도 움직일 수 있겠다! 씨빈이 로봇 청소기처럼 이리저리 돌아다니며 쓰레기를 빨아들인다면 바다를 보다 깨끗하게 치울 수 있겠는걸?

문제를 해결하려고 적극적으로 도전하다 보면 플라스틱 쓰레기로 더러워진 바다를 다시 맑게 되돌려 놓는 일도 어렵지 않을 거예요.

인간은 지금껏
다양한 실험과 시도를 통해
새로운 방법을 찾아 왔어요!

재활용, 걱정 마세요!

　우리나라는 전 세계에서 분리수거와 재활용이 아주 활발한 나라 중 하나예요. 정해진 요일마다 종이와 유리, 플라스틱을 따로 모아 배출하는 모습은 우리나라 어디에서나 흔히 볼 수 있지요. 이처럼 모두가 재활용에 열심히 참여하는 나라는 세계 곳곳을 찾아봐도 흔치 않답니다!

　그런데 이런 모두의 노력에도 불구하고, 잘 모아 놓은 재활용품이 새 물건으로 멋지게 다시 태어나지 못하는 경우도 많아요. 재활용 쓰레기를 처리하는 과정에서 상당수가 질이 떨어지거나 그냥 버려지기 때문이에요.

　좋은 종이로 만들어진 예쁜 책을 떠올려 보세요. 책에는 글자가 빼곡히 쓰여 있어요. 종이에 잉크 성분이 섞였네요. 물에 젖어도 쉽게 찢어지지 않도록 코팅을 입힌 책도 있어요. 이렇게 책에 들어간 잉크와 코팅 성분은 빼내기 정말 어려워요. 그래서 종이는 재활용할 때마다 점점 질이 안 좋은 종이로 바뀌지요. 오래된 책을 재활용한 우둘투둘한 회색 종이는 골판지 상자로 주로 쓰이곤 해요.

재활용품 수집장의 모습

　플라스틱을 재활용할 때는 플라스틱이 서로 섞이면서 싸구려 플라스틱이 되어 버려요. 플라스틱은 용도에 따라 성분이 조금씩 다른데, 서로 다른 성분의 플라스틱이 뒤섞이면 잘 부러지고 촉감도 거친 나쁜 플라스틱이 되지요. 이렇게 만들어진 싸구려 재활용 플라스틱은 쓰레기통이나 플라스틱 양동이를 만들 때 주로 쓰여요. 이마저도 어렵다면 모두 버려지지요.

플라스틱을 아주 잘 분류해, 같은 종류의 플라스틱끼리 묶어 재활용하면 되지 않느냐고요? 맞아요, 그렇게 하면 새것처럼 깨끗하고 튼튼한 플라스틱을 만들 수 있어요. 하지만 플라스틱 쓰레기를 분류하는 일은 생각보다 어려워요.

플라스틱은 만들 때 사용되는 화학 약품에 따라 크게 일곱 가지로 나눌 수 있어요. 종류도 이렇게 많은데 색깔은 또 얼마나 다양한가요? 색이 다른 플라스틱을 섞어 재활용하면 이상한 색깔의 재활용 플라스틱이 만들어져요. 그런 플라스틱으로 만든 컵이나 책꽂이는 아무도 쓰고 싶어 하지 않을 거예요. 이때 우리에게 필요한 것이 바로 로봇이에요. 일부 재활용 공장에서는 이미 로봇을 활용해 재활용 쓰레기를 분류하는 방법을 도입하고 있답니다.

커다란 트럭이 플라스틱 쓰레기를 공장으로 옮겨요. 도착한 플라스틱 쓰레기는 빙글빙글 도는 도르래에 벨트를 감아 물건을 나르는 컨베이어 벨트를 따라 이동해요. 플라스틱이 이동하면 컨베이어 벨트 옆에 달린 로봇 팔들이 자기가 맡은 종류의 플라스틱을 재빨리 집어 가요. 파란색 페트병 담당 로봇 팔은 파란 페트병만, 빨간색 볼펜 뚜껑 담당은 빨간 볼펜 뚜껑만 모으지요.

이렇게 종류별로 모은 플라스틱을 녹여 다시 굳히면, 처음과 거의 똑같은 플라스틱이 돼요. 쓰레기는 줄이고, 새 플라스틱도 만드는 거예요!

어떻게 로봇에게 플라스틱 쓰레기를 분류하도록 했을까요? 플라스틱은 페트병, 볼펜, 의자, 주사기, 빨대 등 정말 다양한 모양과 색으로 만들어지기 때문에 이 모든 플라스틱을 구분해 내는 일은 정말 어려워요. 아무리 로봇이라도 말이에요. 게다가 모양은 똑같은데 성분이 다른 플라스틱도 있어서 이런 경우, 사람의 눈으로는 구분할 수가 없어요.

하지만 플라스틱 쓰레기를 분류하는 로봇은 딥러닝 AI를 통해, 플라스틱에는 어떤 종류가 있고 플라스틱을 어떻게 구분해야 하는지 하나하나 배워요. 실제로 공장에서 수많은 플라스틱을 분류하면서 말이에요.

플라스틱을 분류하는 로봇들은 인터넷을 통해 하나로 연결되어 있어요. 그래서 플라스틱을 분류하면 분류할수록, 로봇끼리 서로 정보를 교환하며 점점 더 정확하게 분류할 수 있게 되지요.

하지만 플라스틱 분류 로봇은 너무 비싸고 무거워요. 그래서 몇몇 공장 외에는 로봇을 들여놓을 엄두도 내지 못하고 있어요.

미국의 전자 제품 제조 회사인 애플사에서는 자사의 휴대 전화인 아이폰을 재활용하기 위해 '데이지'라는 로봇을 만들었어요. 데이지는 다 쓴 아이폰을 분해해 분리수거하기 쉬운 부품으로 만들어요. 아이폰에는 텅스텐, 코발트, 은 등 비싼 금속이 많이 들어 있어, 이 금속들을 재활용하면 큰돈을 아낄 수 있거든요.

　지금은 휴대 전화나 자동차 등 재활용했을 때 많은 돈을 아낄 수 있는 분야에서만 로봇이 활용되고 있어요. 하지만 시간이 지나고 기술이 발달하면, 언젠가 세상 모든 쓰레기를 로봇들이 차곡차곡 정리하고 재활용하는 날이 올지도 몰라요!

로봇은
딥러닝 AI를 통해
하나하나 배워요.

:· 환경 탐정 뀨와 공학특공대 ·:

기름띠를 막아라!

유조선 사고로 기름이 퍼진 바다

큰일 났다뀨! 해양 생태계에 아주 큰 피해를 입히는 유조선 사고가 발생했다뀨!

앗! 유조선에서 나오는 기름의 독성 때문에 바다 생물이 병에 걸릴지도 모릅니닷. 또 물고기는 끈적한 기름 덩어리가 아가미에 달라붙어 숨을 못 쉬고, 새는 깃털에 기름이 엉겨 붙어 날지 못할 겁니닷!

게다가 시커먼 기름이 물 위를 떠다니며 햇빛을 막으면 바닷속 식물성 플랑크톤이 광합성을 하지 못하게 된다뀨. 그럼 식물성 플랑크톤을 먹는 동물성 플랑크톤도 사라지고, 동물성 플랑크톤을 먹는 물고기도 사라지고 말 거라뀨. 어서 쓰레기 상어와 씨빈을 가져오라뀨!

쓰레기 상어와 씨빈은 바다 쓰레기를 치우는 로봇 아닙니까?

바다 위에 떠다니는 것들을 모아 치우는 것은 똑같다뀨. 물은 통과하고 기름은 흡수하는 막을 그물 대신 달면 물 위에 떠다니는 기름을 전부 먹어 치울 거라뀨!

젖어도 찢어지지 않는 종이와 촘촘한 부직포를 준비하겠습니닷!

좋다뀨! 빨리 움직이지 않으면 기름 덩어리가 사방으로 퍼질 거라뀨. 가운데부터 청소하지 말고, 바깥쪽부터 기름을 청소하자뀨!

로봇 환경 감시대

어디에 숨었을까?

오늘날 지구는 엄청난 위험에 처해 있어요. 바로 환경 오염 때문이에요. 지구를 위협하는 무시무시한 악당인 이 환경 오염을 물리치려면 무엇부터 해야 할까요?

그건 바로 지구를 아프게 만드는 환경 오염이 어디에서 발생하는지 빠짐없이 알아내는 일이에요. 상대가 어디에 있는지 알아야 맞서 싸울 수 있는 법이잖아요. 원인을 모른다면 아무리 쓰레기를 치우고 지구를 깨끗하게 만들어도 금방 다시 오염되고 말 거예요.

그런데 세상에! 우리가 싸워야 할 환경 오염은 종류도 너무나 다양하고 양도 어마어마하게 많아요. 공기를 더럽히는 미세먼지나 매연, 강을 병들게 만드는 폐수, 땅을 생물이 살기 힘든 곳으로 만드는 쓰레기와 화학 물질, 지구 곳곳에 쌓여 가는 플라스틱 쓰레기……. 그 외에도 정말 많은 종류의 오염원이 있지요.

우리가 지켜야 할 지구는 정말 넓답니다. 대서양, 태평양, 인도양, 남극해, 북극해 등 다섯 개의 바다가 있고, 유럽, 북아메리카, 남아메리카, 아시아, 아프리카, 오스트레일리아, 남극 등 일곱 개의 대륙이 있어요.

지구를 위협하는 다양한 환경 오염

　그 대륙에는 뜨거운 사막도 있고, 깊은 정글도 있고, 빙하로 뒤덮인 땅과 자동차가 절대 가지 못하는 뾰족한 바위산도 많이 있어요. 이렇게 넓은 지구를 환경 오염으로부터 지키는 일이 정말 가능할까요?

　물론 가능해요. 로봇이 있으니까요!
직접 쓰레기를 치우는 일만이 지구를 지키는 것은 아니에요. 지구 곳곳을 쉴 틈 없이 감시하고, 오염이 생기는 곳을 찾아내는 일도 중요하지요. 그리고 로봇이 그 일을 멋지게 해낼 수 있어요.

　저기 저 위로 맑은 물이 졸졸 흐르는 개울이 보이나요? 아주 깨끗하고 맑아 보여요.

　어? 그런데 개울 주변에 공장이 있어요. 하지만 공장에서 폐수를 버리는 것은 아니에요. 다행히 공장에서 쓴 물을 깨끗하게 정화해 개울에 흘려보낸답니다. 그럼 아무 문제 없겠다고요? 과연 그럴까요?

　공장에서 내보내는 물은 맑지만, 원래 개울물보다는 조금 뜨거워요. 사람이 만지면 약간 따뜻하게 느껴질 정도지만, 차가운 개울에 살던 물고기에겐 펄펄 끓는 물처럼 뜨겁게 느껴질 거예요.

　이렇게 물 온도에 차이가 나면 물고기들의 먹이나 수질에 영향을 줄 우려가 있어요. 환경 오염은 이처럼 우리가 미처 신경 쓰지 못하는 곳에서도 나타날 수 있어요. 게다가 지구는 아주 넓어요. 한 곳 한 곳 직접 들여다보려면 온 세상 사람들이 모두 나서도 불가능할 거예요.

　하지만 로봇이 나선다면 상황은 달라질 거예요. 로봇들은 사람의 도움 없이 지구 곳곳의 환경을 감시하고, 어디가 오염되었는지 찾아내 문제를 해결할 수 있거든요.

환경을 감시하는 로봇에게 중요한 것은 바로 배터리와 AI 기술이에요. 이 두 기술을 갖춰야 로봇이 오랜 시간 스스로 움직이며 지구 곳곳을 감시할 수 있지요.

로봇은 전기로 움직여요. 따라서 항상 전기를 공급받아야 해요. 다행히 이 점은 큰 걱정이 없어요. 요즘은 휴대 전화, 노트북이 일상적으로 쓰이며 성능이 뛰어난 배터리가 많이 개발되었거든요. 또 태양 전지판을 달아 햇빛으로 전기를 만들어 내는 로봇도 있고요. 이런 로봇은 고장만 나지 않는다면 영원히 움직일 수도 있을 거예요.

중요한 것은 바로 AI 기술이에요. 로봇이 스스로 움직이며 지구 곳곳의 환경을 감시하려면 뛰어난 AI 기술이 반드시 필요하거든요.

환경을 감시하는 로봇은 그 수도 너무 많고, 사람과 멀리 떨어져 있는 경우가 많아서 로봇들을 일일이 리모컨으로 조종할 수 없어요. 그래서 로봇 스스로 사람처럼 생각할 줄 알아야 하지요.

스스로 생각할 수 있는 로봇은 환경 오염이 발생할 만한 위치를 스스로 찾아갈 수 있어요. 또 자신의 몸이 위험에 처했을 때 빠져나갈 수도 있지요. 바위틈에 끼어 꼼짝하지 못하면 큰일이잖아요.

옛날에는 어떤 상황에 어떻게 대처해야 하는지, 사람이 일일이 직접 로봇에 입력해야 했어요. 그러다 보니 AI에 한계가 있었고, 감시 로봇들은 제 성능을 발휘하지 못했어요.

하지만 지금은 그때보다 훨씬 AI 기술이 발전했어요. 딥러닝 기술을 이용해 로봇의 기능을 향상시키지요. 로봇을 위험한 상황에 놓고, 스스로 빠져나오도록 하는 거예요. 그러면 로봇은 점차 올바른 방법을 찾아내고, 나중에는 어떤 위험이 닥쳐와도 몸을 피할 수 있게 된답니다.

로봇은 지구 곳곳을 쉴 틈 없이 감시하고 오염이 생기는 곳을 찾아낼 수 있어요.

오랜 시간 동안 스스로 움직일 수 있게 된 로봇은 이제 사람 대신 세계 곳곳을 감시하려 준비하고 있답니다. 이미 우리를 도와 활약하는 로봇도 있고, 아직 연구 중인 로봇도 있지요.

　환경 오염의 종류가 다양한 만큼, 또 지구에 강, 정글, 사막 등 다양한 곳이 있는 만큼, 환경을 지키고 오염을 감시하는 로봇의 종류도 아주 다양하답니다.

　대체 어떤 로봇들이 어디에서 무슨 임무를 하게 될지 궁금하지 않나요?

강을 헤엄치는 로봇 물고기

2009년 즈음, 우리나라 정부는 강에 새로운 댐을 세우고, 강바닥을 깊게 파는 계획을 세웠어요. 홍수를 막고 농사에 쓸 물을 댐에 저장하기 위해서였지요. 한강, 낙동강, 금강, 영산강 등 네 개의 강을 대상으로 한 계획이라 4대강 정비 사업이라고도 불렸어요.

하지만 흐르던 강물을 가두거나 억지로 강바닥을 파면 물이 오염될 수도 있었어요. 이러한 문제가 제기되자 로봇 물고기를 이용해 강의 오염을 감시하겠다고 나선 곳이 있었어요. 물속을 계속 헤엄치는 로봇 물고기를 이용해 수질을 끊임없이 감시하고, 오염이 일어나는 원인을 찾아내겠다고 했지요.

하지만 결과는 엉망이었어요. 로봇 물고기는 오염된 물과 맑은 물을 제대로 구분해 내지 못했어요. 게다가 명색이 물고기인데도 헤엄이 서툴러, 물살이 빨라지면 이리저리 휩쓸려 다니기만 했어요. AI는 없는 것이나 마찬가지였지요.

결국 로봇 물고기로 수질을 지키겠다는 계획은 실패했고, 4대강 정비 사업으로 강이 오염되는 것을 막을 수 없었어요. 물에 이끼가 잔뜩 끼거나 고약한 냄새가 나기 시작했지요. 다행히 너무 늦지 않게 댐의 문을 완전히 연 덕분에, 오염된 물은 모두 씻겨 내려갔고 다시 맑은 강의 모습을 되찾게 되었답니다.

> 강을 막는 구조물은 **댐**과 **보** 두 가지가 있어요. 댐은 크기가 아주 크고 전기를 만드는 수력 발전기 등이 있어요. 댐이 지어지면 아주 많은 물이 모여 커다란 호수가 생겨요. 보는 댐보다 작아요. 겉보기에는 보가 생기기 전과 변함없이 강물이 흐르는 것 같지만 실제로는 물속에 커다란 벽이 있어 강물이 흐르지 못하고 댐과 똑같이 호수가 된답니다.

전시회장에서 헤엄치고 있는 로봇 물고기 마이로의 모습

  이후 사람들은 로봇 물고기에 대해 잊었어요. 하지만 한편에서 로봇 물고기가 제대로 만들어지기만 한다면 큰 역할을 할 거라고 생각한 과학자도 많았어요. 그리고 새로운 로봇 물고기를 개발하기 시작했지요. 우리나라의 로봇 물고기 '마이로'도 그중 하나예요. 마이로는 도미를 닮은 로봇 물고기로, 진짜 도미처럼 몸을 움직이며 헤엄친답니다.

마이로는 리모컨이나 블루투스를 이용해 조종할 수도 있지만, 스스로 장애물을 피해 헤엄칠 수도 있어요. AI 덕분이지요. 배터리만으로 20시간 이상을 혼자 움직일 수 있고, 여러 개의 모터로 복잡한 물고기의 움직임을 따라 할 수 있답니다.

　아직 마이로는 수족관의 관상용이나 장난감으로만 활용되고 있어요. 하지만 기술이 점점 발전하면서 작은 물고기나 1미터가 넘는 큰 물고기 크기로도 만들어지고 있답니다.

　미국 매사추세츠 공과 대학(MIT)에서는 '소피'라는 로봇 물고기를 만들었어요. 소피는 온몸이 부드러운 재질로 되어 있어, 마이로보다 더 진짜 물고기처럼 움직일 수 있어요.

　소피는 진짜 바다에서 헤엄친 적도 있답니다. 바다는 물살이 아주 거세요. 게다가 깊은 바닷속은 물이 누르는 수압 때문에 로봇이 망가지기 아주 쉬워요. 하지만 소피는 5미터 깊이의 바닷속도 멀쩡히 헤엄쳤답니다.

　앞으로 로봇 물고기에 더 뛰어난 AI와 함께 오염을 감지하는 장비가 달린다면, 로봇 물고기들은 물속을 유유히 돌아다니며 오염된 곳이 없는지 감시할 수 있을 거예요. 사람의 눈이 닿지 않는 깊은 곳도 문제없겠지요?

호수를 지키는 백조

2018년, 싱가포르에서 로봇 백조를 만들어 내놓았어요. 어디에 쓰려고 만든 걸까요?

이 로봇 백조는 싱가포르의 저수지나 호수 위를 헤엄치며 물이 오염된 곳이 있나 감시하는 일을 하기 위해 만들어졌답니다.

로봇 백조는 로봇 물고기보다 훨씬 구조가 간단해요. 물 위를 돌아다닐 수 있는 작은 모형 배에 백조 모양 껍데기를 씌워 놓기만 하면 되거든요. 하지만 로봇 백조에게는 로봇 물고기와 다른 첨단 기술이 가득 들어가 있답니다.

로봇 백조는 지금도 물이 얼마나 오염되었는지 감지하는 장치를 달고 물 위를 떠다니며 오염을 감시하고 있어요.

물이 오염되었는지를 살필 때 가장 알아보기 쉬운 것은 바로 물의 투명도예요. 물이 탁하고 맑지 않으면 나쁜 성분이 들어 있거나, 이끼가 생겨나 둥둥 떠다니는 것일 수 있지요. 하지만 물이 투명하지 않다고 해서 모두 오염된 것은 아니에요. 큰 물고기가 강바닥을 뒤집어 흙탕물이 만들어졌거나, 비가 오며 진흙이 쓸려 내려와 물이 탁해진 것일 수도 있거든요. 이런 물은 오염된 것이 아니에요.

물이 얼마나 투명한지는 카메라로 쉽게 알 수 있어요. 바닥에 그림이 그려진 컵에 물을 채우고 사진을 찍어 그림이 얼마나 자세히 보이는지 살피면 물의 투명도를 쉽게 측정할 수 있지요.

물이 얼마나 깨끗한지 측정할 때는 '용존 산소량'이 가장 중요해요. 물속에 산소가 얼마나 많이 녹아 있는지를 나타내는 척도인데, 용존 산소량이 높은 물은 산소가 풍부해서 물고기들이 좋아한답니다.

로봇 백조에는 용존 산소량을 재는 측정기가 달려 있어요. 측정기는 전기를 인식하는 장치와 산소만 통과하는 막으로 이루어져 있어요. 그래서 측정기를 물에 담그면 막을 거쳐 물속의 산소가 들어오고, 그 산소의 양만큼 전기가 흘러요. 이때, 전기의 세기를 재서 용존 산소량을 정확하게 알아낼 수 있어요.

물의 산도로도 물이 얼마나 깨끗한지 알아볼 수 있어요. 물의 산도는 수소 이온 농도 지수(pH)로 나타내요. pH 지수가 7 미만이면 산성이고, 7을 넘으면 알칼리성이지요. 순수한 물은 산성도, 염기성도 아닌 중성이에요. 하지만 공기 중의 이산화 탄소가 물에 녹으면서 물을 조금씩 산성으로 만들기 때문에 호수나 강의 물은 대부분 약한 산성이에요.

그런데 외부에서 약품이 흘러들어 강한 산성이 되거나, 염기성이 되면 물고기나 식물은 살 수 없어요. 강한 산은 쇠나 돌도 녹이는 위험한 물질이에요. 강한 염기도 아주 위험한 것은 마찬가지예요. 우리 몸에 닿으면 피부가 녹거든요. 어느 것이라도 너무 과하면 좋지 않아요!

물의 산도는 약품을 통해 쉽게 알아낼 수 있지만 약품을 계속 채워야 하는 번거로움 때문에 로봇 백조는 전기를 이용해 산도를 알아내요. 물의 산도에 따라 물에 흐르는 전기의 세기가 바뀌는데, 이 점을 이용하면 산도를 정확히 잴 수 있지요.

로봇 백조에는 특별한 점이 하나 더 있답니다. 그건 바로 진짜 백조와 똑같이 생겼다는 거예요! 만약 로봇 백조가 금속 재질이 번쩍거리고, 톱니바퀴나 프로펠러가 움직이는 모습이 전부 보인다면 어떨까요? 진짜 백조들이 무서워하며 멀리 도망쳐 버리고 말 거예요. 그러면 애써 호수를 깨끗하게 유지해도 아무런 보람이 없겠지요? 다른 동물들이 놀라지 않게 진짜 백조와 꼭 닮게 만든 로봇 백조를 통해 아무리 뛰어난 기술이라도 환경과 조화를 이루지 않는다면 쓰임새를 다하기 어렵다는 사실을 알 수 있어요.

아무리 뛰어난 기술이라도
환경과 조화를 이루어야
쓰임새를 다할 수 있어요.

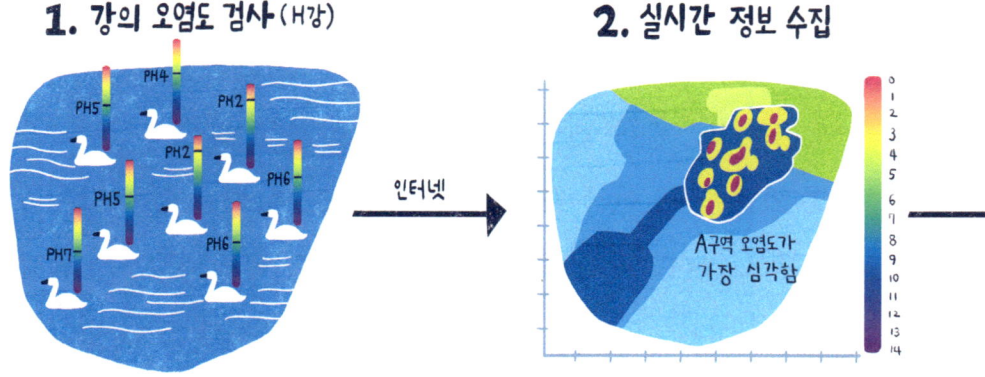

한편 로봇 백조는 클라우드 컴퓨팅을 통해 움직여요. 클라우드 컴퓨팅은 '구름 컴퓨터'라는 뜻이에요. 여러 대의 컴퓨터가 물방울처럼 모여, 커다란 하나의 구름 컴퓨터를 만든다는 뜻이지요.

로봇 백조는 여러 대의 컴퓨터를 온라인으로 연결해 거대한 한 대의 컴퓨터처럼 작동하게 하는 기술로 움직여요. 로봇 백조들은 무선 통신을 통해 마치 한 몸인 것처럼 연결되어 있지요.

3. 정보 전송

인터넷 →

4. 오염도가 심한 구역 심층 조사

인터넷 →

로봇 백조들은 제각각 호수 위를 유유히 떠다니다가 물이 오염된 흔적을 발견하면 그곳으로 일제히 모여들어요. 그리고 근처를 샅샅이 수색해 오염이 어디서 시작되었는지, 어디가 가장 심각한지를 알아내지요.

미세먼지를 찾아라

어느 날부터인가, 우리는 맘 놓고 창문을 열지 못하게 되었어요. 바로 미세먼지 때문이에요. 미세먼지는 이름 그대로 아주 작은 먼지를 말해요. 먼지가 작을 뿐인데 무슨 걱정이냐고요? 미세먼지는 평범한 먼지보다 더 우리 몸에 나쁘답니다.

미세먼지로 뿌옇게 된 도시의 모습

평범한 먼지는 우리 몸속으로 들어오며 코에서 걸러져요. 코털이 먼지를 그물처럼 잡아 가두거든요. 코털 사이에 생기는 코딱지가 바로 이렇게 걸러진 먼지가 뭉쳐지며 생긴 덩어리랍니다.

그런데 미세먼지는 너무 작아 코털에 걸리지 않고 우리 몸속으로 바로 들어가요. 이런 먼지가 폐에 붙으면 감기 등 질병에 걸릴 수 있어요. 또 눈병을 일으키거나 피부에 알레르기를 일으키기도 하지요.

미세먼지가 위험한 것은 성분의 대부분이 몸에 나쁜 중금속이기 때문이에요. 철, 납, 크롬 등 여러 금속 가루가 바람을 타고 휘날리는 거예요. 이런 금속 가루는 그 자체로 독성을 띤 종류가 많답니다.

미세먼지로 인한 문제가 이렇게 심각하다 보니 요즘에는 인터넷에서 쉽게 미세먼지 상태를 검색할 수 있어요. 사람들은 대기 상태를 확인하고 미세먼지가 많으면 창문을 꽁꽁 닫지요. 그런데 그것도 완벽하게 미세먼지를 막아 주지는 못해요. 미세먼지를 측정하는 장비는 건물 옥상이나 길에 세워져 있는데, 바람의 방향이나 소나기가 장치에 영향을 끼칠 수 있거든요.

몇몇 도시에서는 이러한 문제를 해결하기 위해 미세먼지 로봇을 활용한답니다.

먼저 로봇 드론에게 미세먼지를 감시하도록 맡겨요. 그러면 드론이 스스로 이리저리 날아다니며 도시 곳곳의 미세먼지 상태를 측정하지요.

드론과 함께 땅에서 움직이는 로봇도 스스로 도시 곳곳을 옮겨 다니며 미세먼지가 많은 곳이 어디인지 알아내요. 그러면 도시 전체의 미세먼지 상태를 빈틈없이 알 수 있게 되겠지요?

어디에서 미세먼지가 많이 나오는지 알아낸다면 바람의 흐름을 조절하거나, 공기 중에 물을 뿌려 미세먼지가 씻겨 내려갈 수 있도록 할 수 있어요. 지긋지긋한 미세먼지 문제를 해결하는 데 큰 도움이 될 거예요.

미세먼지 로봇들도 로봇 백조처럼 클라우드 컴퓨팅을 통해 움직여요. 로봇끼리 위치가 겹쳐 같은 곳을 여러 번 맴돌지 않도록 하려는 것이지요. 하지만 미세먼지가 유난히 많은 곳은 여러 대의 로봇이 모여 자세히 조사할 수도 있어요. 특히 미세먼지가 많이 나오는 굴뚝 근처는 드론들이 다른 곳보다 많이 들른답니다. 위험한 곳일수록 감시를 철저히 하는 거예요!

환경 탐정 뀨와 공학특공대

오염은 어디서 시작되었을까?

로봇들이 강을 조사해 왔다뀨! 어디서부터 강이 오염되기 시작했나 알아보자뀨.

로봇들이 조사해 온 자료를 그림으로 정리해 보았습니다. 여길 보면 강의 오염이 어디서 시작되었나 알 수 있습니닷!

강물이 투명하고 용존 산소량이 많다.
물고기가 많고 수초가 잘 자란다.

옆의 다른 강과 합쳐지며 흙탕물이 되었지만 용존 산소량은 많다.
물은 흐려도 낚시로 물고기를 잡을 수 있다.

근처의 공장에서 맑지만 따뜻한 물이 나온다.
물고기는 살지만 수초는 거의 없다.
용존 산소량이 적다.

뜨거워~
숨 막혀~

 한눈에 알겠다뀨! 공장에서 나오는 물이 문제라뀨!

 하지만 공장에서 나오는 물은 모두 맑게 정화된 물입니닷!

 깨끗한 물이지만 물이 너무 뜨겁다뀨. 따뜻한 물은 용존 산소량이 떨어진다뀨. 콜라를 따뜻하게 데우면 김이 다 빠져 버리는 것처럼, 따뜻한 물에는 산소가 녹아 있을 수 없다뀨.

물이 탁하고 냄새가 심하며 용존 산소량이 적다.
물고기와 수초가 거의 없다.
근처에 아파트가 있지만 아무도 강 가까이로 오지 않는다.

물은 탁하지만 냄새는 없다.
용존 산소량은 중간이며
더러운 물에서도 사는 물고기가 산다.
조금 더 내려가면 바다와 만난다.

지구 곳곳을 누비는 로봇 친구들

과학자의 눈과 귀가 되어 주는 친구

지구에서의 지속 가능한 삶을 위해 가장 중요한 것은 무엇일까요? 오염을 막아 내는 일? 멸종 위기에 처한 동물과 식물을 지키는 일? 재활용을 잘하고 물건을 낭비하지 않는 일?

물론 모두 중요해요. 하지만 가장 중요한 일은 따로 있답니다. 바로 지구에 대해 잘 아는 것이에요. 의사가 병을 고치려면 우선 건강한 사람의 몸을 알아야 하는 것처럼 말이에요. 지구에 대해 잘 알고 있어야, 지구를 지킬 수 있지요. 그런 이유로 아직도 많은 사람이 지구의 모습을 연구하는 데 힘을 쏟고 있답니다.

그런데 이 큰 지구를 연구하는 일은 지구를 더럽히는 오염원을 연구하는 것보다 더 어려워요. 그렇다면 이번에도 로봇이 나서야겠지요?

로봇이 사람 대신 자연을 연구하냐고요? 물론 언젠가 그런 날이 올지도 몰라요. 하지만 그건 먼 미래의 이야기예요. 지금 연구되고 있는 로봇들은 인간 과학자를 도와주는 로봇이랍니다.

어떤 대상에 대해 알고자 할 때 가장 중요한 것이 바로 관찰이에요. 지구와 환경을 관찰하고 연구하는 학문을 '지구과학'이라고 해요. 지구과학은 다른 과학 분야보다 관찰이 더 중요하답니다.

지구과학은 지구의 지형, 지층의 움직임, 공기의 흐름, 생태계의 변화, 해와 달과 별의 움직임 등 아주 규모가 큰 것들을 다뤄요. 그러다 보니 물리나 화학처럼 실험실에서 실험할 수 있는 다른 과학 분야와 큰 차이가 있어요. 너무 큰 대상들을 다루다 보니 잘 관찰하는 것으로 실험을 대신한답니다.

그런데 과학자들이 모두 관찰하기에 지구는 너무 넓잖아요? 계속 붙어 관찰하는 것이 불가능한 동식물이나 자연 현상도 있고요. 과거에 비해 과학이 크게 발달했다지만 지구에는 아직 우리가 탐사하지 못한 곳이 많아요.

이때 힘을 발휘할 수 있는 것이 바로 탐사 로봇이랍니다. 탐사 로봇은 사람이 위험해서 가지 못하는 곳에도 갈 수 있고, 오래가는 배터리만 있으면 쉬거나, 잠도 자지 않고 지구 곳곳을 관찰할 수 있거든요. 태양 전지판 같은 발전기를 이용해 스스로 전기를 만들어 내는 몇몇 로봇들은 고장이 나기 전까지 지구 곳곳을 누비며 관찰해 과학자에게 꼭 필요한 자료들을 보내 주지요.

혹시나 고장 나거나 움직이지 못하게 되어도 걱정할 필요는 없어요! 잘 준비된 탐험대나 다른 로봇이 재빨리 달려가 고장 난 로봇을 다시 고치면 되니까요.

오염된 곳을 감시하는 감시 로봇과 비슷해 보이지만, 이런 탐사 로봇들에게는 탐사 로봇만의 특징이 있답니다.

무엇보다 아주 오랜 시간 동안 스스로 움직일 수 있어야 해요. 오염된 곳을 찾아내는 로봇들은 오염이 생길 만한 곳, 즉 사람과 가까운 곳에서 활약해요. 그러니 필요하면 언제든 금방 배터리를 충전하고 수리할 수 있지요.

이와 달리 탐사 로봇은 사람의 발길이 전혀 닿지 않는 곳까지 갈 수도 있기 때문에 배터리도 오래가야 하고, 스스로 되돌아올 수도 있어야 해요. 몇몇 로봇은 되돌아오는 것을 포기하고 임무를 마친 자리에 영원히 남기도 해요. 지구 밖 화성 같은 우주를 탐사하는 로봇들이 대부분 그렇답니다.

탐사 로봇들은 아주 예민한 감각 센서를 가지고 있어요. 오염을 찾아내는 감시 로봇들은 위험한 성분이나 갑작스러운 온도 변화를 감지하는 장치만 있으면 충분해요. 하지만 탐사 로봇은 아주 사소한 변화도 놓쳐서는 안 된답니다. 작은 연못의 물 온도가 1도 올라가는 일은 별일이 아니지만, 지구 전체의 온도가 1도 올라가는 일은 아주 심각한 사건이거든요. 제자리에서 움직일 수 없는 나무들을 생각해 보세요. 조금만 날씨가 더워져도 말라 버리잖아요. 이런 이유로 탐사 로봇은 지구 전체의 미세한 변화도 놓치지 않는 감각 센서를 가지고 있답니다.

탐사 로봇은
아주 사소한 변화도
놓치지 않아요.

잡아먹지 마세요

홍합 좋아하나요? 까맣고 길쭉한 모양의 조개 말이에요. 맛있는 짬뽕에도 들어가고, 따뜻한 국물이나 볶음 등 다양한 요리에 활용되지요.

우리가 평소에 쉽게 먹는 홍합은 사실 서유럽이 원산지인 '지중해담치'라고 하는 홍합과의 동물이에요. 원래 우리나라에는 참홍합이 살고 있었는데, 지금은 보기 드문 종이 되어 버렸지요.

지중해담치는 이름 그대로 원래 지중해에 살던 홍합이에요. 지중해와 접한 그리스나 이탈리아, 스페인 사람들은 아주 오래전부터 이 홍합을 맛있게 먹었어요. 지중해담치는 알을 많이 낳아 아주 빠른 속도로 번식하고, 여러 환경에 쉽게 적응해 살아가요. 덕분에 야생에서도 잘 살아남았고, 세계 곳곳에서 양식되기 시작했지요.

> 원래 생태계에서 잘 살던 동식물이 먼 곳으로 이동하며 생태계를 망가뜨리는 주범이 되기도 해요. 미국의 평범한 물고기였던 큰입배스가 우리나라 강의 물고기들을 닥치는 대로 먹어 치워 생태계를 망가뜨린 것처럼요. 반대로 우리나라 가물치가 미국 강의 생태계를 망가뜨린 경우도 있어요.

다행히 지중해담치는 황소개구리나 큰입배스 같은 외래종처럼 우리 생태계에 나쁜 영향을 끼치지는 않아요.

오히려 전 세계에 비슷한 홍합이 퍼진 덕분에 홍합을 이용해 세계 기후에 대한 정보를 얻을 수 있답니다. 홍합은 물의 온도나 성분은 물론, 바다에 햇빛이 얼마나 비치느냐에도 아주 민감하게 반응하거든요.

미국의 노스웨스턴대학교 연구팀은 홍합의 그런 특징을 이용해, 세계의 기후 변화를 연구했어요. 무려 18년 동안이나 말이지요. 연구팀은 홍합 덕분에 변화하는 지구의 기후와 지구 온난화에 대해 많은 것을 알 수 있었어요.

그런데 18년 동안이나 전 세계 곳곳의 홍합들을 어떻게 관찰한 걸까요? 바로 로봇으로 만들어진 홍합 덕분이었답니다.

홍합 로봇은 홍합과 똑같이 생겨, 다른 홍합들 사이에 끼어 있었어요. 움직이는 능력이나 위험을 피하는 AI도 필요 없었지요. 홍합 로봇은 단단한 껍데기로 몸을 보호하고 있는 일반 홍합처럼 단단한 껍데기로 몸을 지키기만 하면 됐어요.

연구팀은 미국, 뉴질랜드, 아일랜드, 아프리카와 호주 등 세계 곳곳에 홍합 로봇을 보냈어요. 홍합 로봇은 그곳에서 주변의 홍합들을 관찰하며 전 세계의 바다가 어떤 상황이며 어떻게 변하는지 관찰했어요.

홍합 로봇은 돌바닥에 붙어, 센서를 이용해 주변 홍합을 관찰했어요. 홍합들의 크기, 성장, 움직임, 심지어 체온까지도요. 주변 환경은 물론, 기후 변화에도 아주 민감한 홍합을 관찰하는 것만으로도 지구의 환경 변화를 알아낼 수 있었지요.

연구팀은 이제까지의 지구 환경에 관한 연구 결과를 얻은 데 이어, 홍합 로봇들이 축적한 자료를 바탕으로 앞으로의 기후를 예측하고 있답니다.

얼음 속 로봇들

　이글이글 타오르는 듯한 한낮의 태양 빛에 눈살을 찌푸려 본 적 있나요? 그런데 이 뜨거운 태양 빛도 사실 지구의 오존층을 통과하며 많이 약해진 것이랍니다.

　오존층은 지상에서 20킬로미터 떨어진 하늘에 있는 두꺼운 층이에요. 오존은 산소가 자외선을 만나 변형되어 만들어진 보이지 않는 기체인데 오존층에는 이 오존이 아주 많이 퍼져 있어요. 이 오존은 태양의 자외선을 붙잡아 줘서, 따가운 자외선이 지상으로 내려오지 않도록 막아 주지요.

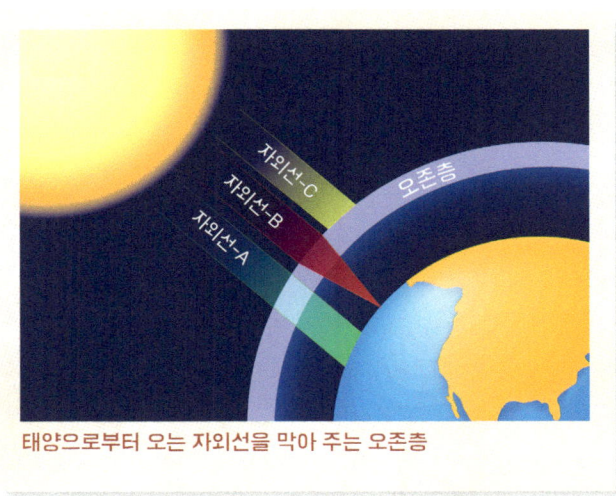

태양으로부터 오는 자외선을 막아 주는 오존층

만약 오존층이 없다면 어떤 일이 벌어질까요? 지구에 사는 모든 생물이 따가운 자외선을 받게 될 거예요. 그럼 바퀴벌레나 버섯같이 생명력이 아주 강한 생물만 겨우 살아남을지도 몰라요.

한때 이 오존층이 점점 얇아지는 문제가 아주 심각했어요. 에어컨, 스프레이에서 나오는 프레온 가스라는 기체가 하늘로 올라가 오존층을 조금씩 갉아먹었거든요. 다행히 지금은 프레온 가스를 쓰지 않기로 하면서 오존층은 다시 두꺼워지고 있어요.

오존층으로 인한 문제가 가장 심각했던 곳은 어디일까요? 바로 남극이에요. 남극의 차가운 공기가 프레온 가스를 남극에 잡아 두었기 때문이지요.

남극은 너무 추워 사람이 거의 살지 않는 곳인데도, 환경 오염의 영향을 받은 거예요. 이에 여러 나라에서 남극에 기지를 세우고 열심히 연구하기 시작했어요.

> **프레온 가스**는 생물에게 직접 나쁜 영향을 끼치지는 않아요. 불에 타지도 않고, 화학 물질과 닿아도 아무런 일이 일어나지 않지요. 그래서 위험성이 밝혀지지 않았을 때는 스프레이에 많이 쓰였어요. 지금은 프레온 가스 대신 오존층에 영향을 주지 않는 다른 가스가 스프레이에 쓰여요.

하지만 남극은 너무나 춥기 때문에 사람이 직접 여기저기로 다니며 연구하는 것이 어려워요. 그래서 최근에는 주로 로봇을 이용해 연구하고 있지요. 이러한 로봇에는 남극의 미끄러운 빙판길도 잘 달릴 수 있는 바퀴를 달아야 해요. 그리고 여러 가지 탐사 장비를 장착하면 돼요. 어때요, 간단하지요?

호주의 테즈메이니아대학 해양연구팀은 녹아내리는 남극의 얼음을 관측하기 위해 수중 로봇을 준비했어요. 이 자율 수중 로봇은 차가운 남극해를 자유롭게 돌아다니며, 얼음이 얼마나 녹았는지를 측정했어요.

얼음이 얼마큼 녹았는지 알아내기 위해 로봇까지 출동시킨 것은 얼음이 녹으면 녹을수록, 지구 전체의 바닷물 수위가 계속 높아지기 때문이에요.

오랜 시간 동안 꽁꽁 얼어 있던 커다란 얼음덩어리인 빙하가 녹아 물이 되면, 그만큼 바닷물의 양이 늘어나 바다의 수위가 높아져요. 그래서 지구 온난화로 인해 지구가 더워지면 빙하가 녹아 해수면이 높아지면서 바다와 가까운 도시나 섬이 물에 잠기는 등 다양한 문제가 발생할 수 있어요.

남극을 누비는 로봇 중에는 리모컨으로 조종하는 간단한 로봇도 있지만, 최신 로봇 기술과 AI 기술을 이용하는 로봇도 있어요. 최근 중국에서는 AI를 탑재해 스스로 남극을 탐사하는 로봇을 만들었어요. 이 로봇은 사람의 조종 없이도 스스로 남극을 돌아다니면서 남극 빙하들의 지도를 만들었답니다.

지구 온난화로 인해
지구가 더워지면
도시와 섬이 물에 잠겨요.

화산 속에도 로봇이?

지구에서 가장 추운 곳에 로봇이 갈 수 있다면, 가장 더운 곳은 어떨까요? 물론 갈 수 있어요. 사막이나 정글, 화산까지도요!

화산은 아주 오랜 옛날부터 사람들에게 큰 피해를 줬어요. 고대 로마의 폼페이라는 도시는 화산 폭발에 도시는 물론, 사람들까지 완전히 뒤덮이기도 했지요. 비교적 최근에도 화산 폭발로 많은 사람이 희생되었어요. 1902년에 남아메리카 근처에 있는 마르티니크 섬에서 폭발한 화산으로 인해 3만 명이나 되는 사람이 목숨을 잃었답니다.

화산 폭발을 떠올리면 가장 먼저 생각나는 장면이 아마 쏟아지는 뜨거운 마그마일 거예요. 하지만 의외로 마그마는 별로 위험하지 않답니다. 아주 느린 속도로 흐르기 때문에, 멀리서 보고 높은 곳으로 뛰어간다면 쉽게 피할 수 있거든요.

> 지구의 내부는 아주 뜨거워요. 커다란 바위도 흐물흐물하게 녹을 정도로 뜨겁지만 위에서 누르는 압력 때문에 단단한 모양을 유지하고 있지요. 그런데 그 안에 지하수가 섞여 들어가거나 틈이 벌어져 압력이 낮아지면 암석이 녹아 끈적끈적한 액체가 돼요. 그게 바로 **마그마**예요.

화산이 폭발할 때 가장 위험한 것은 화산재와 화산 가스예요. 화산재는 마그마가 땅속에서 뿜어져 나오는 순간, 폭발의 영향으로 아주 작게 부서져 흩날리는 가루예요. 회색 연기처럼 보이지만, 마그마가 뿜어져 나오며 만들어진 것이라 200도가 넘을 정도로 아주 뜨거워요. 화산이 폭발했을 때 사람들이 목숨을 잃는 이유는 대부분 화산재에 의한 화상이에요. 화산재가 닿으면 사람뿐 아니라 동물과 식물도 대부분 죽고 만답니다.

마그마와 함께 뜨거운 기체도 나와요. 바로 화산 가스지요. 화산 가스에는 황이나 메테인, 염소처럼 직접 들이마시면 아주 해로운 성분이 많이 포함되어 있어요. 화산 가스 때문에 화산 주변에서는 독한 산성비가 내리기도 해요. 화산은 인간이 만든 것이 아니지만, 환경에 큰 피해를 줘요.

화산으로 인한 피해를 줄이려면 화산을 잘 연구해야 해요. 하지만 언제 폭발할지 모르는 화산 근처에 가는 것은 아주 위험한 일이에요. 이때 로봇이 사람 대신 나설 수 있어요.

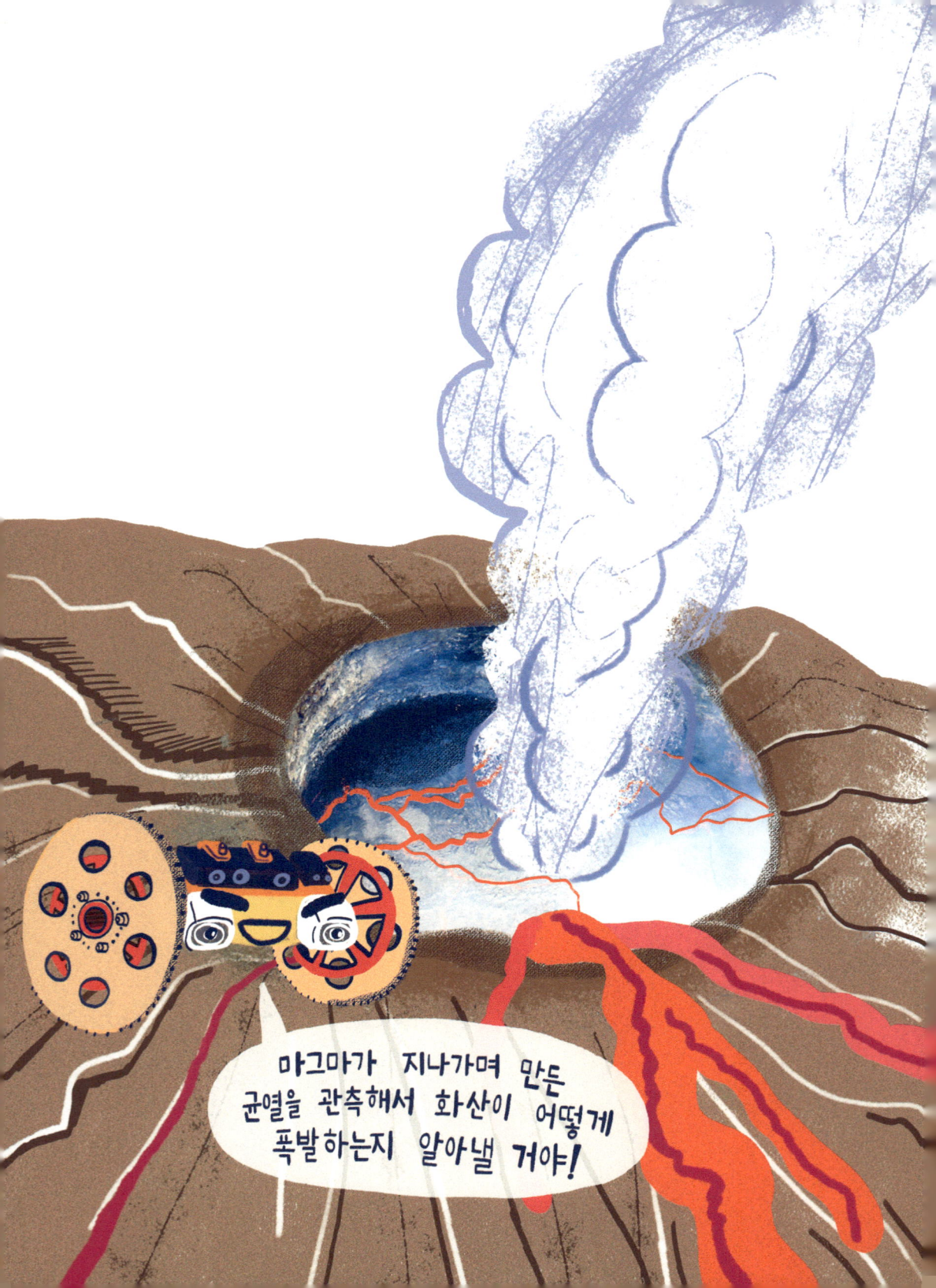

미국 항공우주국(NASA)에서 만든 화산 연구 로봇인 '볼케이노봇'은 긴 몸통에, 몸통보다 훨씬 큰 바퀴가 두 개 달린 단순한 모습이에요.

　볼케이노봇이 이렇게 생긴 데에는 다 이유가 있답니다. 아무리 울퉁불퉁한 지형을 만나도 커다란 바퀴로 쉽게 굴러 나오고, 뒤집혀도 끄덕 않고 움직일 수 있도록 정교하게 설계된 모양이거든요.

　화산 연구 로봇은 수백 도의 뜨거운 화산 가스나 화산재에도 견딜 수 있도록 만들어졌어요. 그 덕분에 위험한 화산에 사람이 직접 들어가지 않고도 화산을 쉽게 연구할 수 있게 되었지요. 멋진 외형과 최첨단 성능보다는 어떤 위기 상황에서도 듬직하게 작동하는 튼튼함이 바로 이 로봇의 장점이랍니다. 이 로봇은 우주로 날아가 화성의 올림푸스 화산처럼 지구 밖에 있는 화산까지 탐사할 예정이라고 해요.

　한편 보스턴 다이나믹스사에서 개발한 다용도 로봇 개 '스팟'도 화성 탐사를 대비해 깊은 용암 동굴을 탐사하며 훈련했어요.

로봇 개 '스팟'

　용암 동굴은 땅속으로 마그마가 지나면서 만들어진 동굴이에요. 사람이 들어갈 수 있는 동굴도 있지만, 아직도 내부 온도가 몇 백 도나 되는 동굴도 있어요. 스팟은 AI를 지니고 용암 동굴 안으로 들어가, 스스로 용암 동굴의 지도를 만드는 데 성공했어요.

이런 로봇들과 함께라면, 우리가 쉽게 탐사하지 못했던 지구의 깊은 곳까지 들어가 지구의 신비를 밝혀낼 수 있을 거예요. 그러면 지구를 지키는 일도 훨씬 쉬워지겠지요?

로봇들과 함께라면
더 쉽고 안전하게
<u>지구의 신비를 밝혀낼 수
있을 거예요.</u>

> 환경 탐정 뀨와 공학특공대

산호에게 무슨 일이 벌어졌을까?

산호초가 하얗게 변하고 있습니닷! 색이 예뻐 잘 다듬으면 보석으로도 팔리는 산호초의 색이 하얗게 변하다니, 엄청난 손해입니닷!

산호? 움직이지 않아 식물 같지만, 플랑크톤을 잡아먹는 그 동물? 산호초의 색은 산호와 함께 사는 미생물의 색이라뀨. 그런 산호초의 색이 사라진다는 것은 산호초 속의 미생물이 사라진다는 뜻이라뀨. 산호가 떼죽음을 당하고 있다는 것과 똑같다뀨! 범인이 누구냐뀨?

전 세계의 산호를 전부 공격한 아주 무시무시한 녀석입니닷. 녀석을 잡을 수 있을까요?

단서가 있다뀨. 산호는 물의 변화에 아주 민감하다뀨. 물의 온도가 바뀌거나, 물의 산도가 바뀌면 쉽게 죽어 버린다뀨.

산호초의 백화 현상

물의 산도가 바뀌려면 물에 산성이나 염기성을 띠는 물질이 녹아들어야 합니닷!

맞다뀨! 공기 중에 이산화 탄소가 많아지면서 그것이 물에 녹아 바닷물이 산성으로 바뀐 거라뀨! 범인은 이산화 탄소라뀨! 이산화 탄소는 석탄, 석유, 가스를 태울 때는 물론이고, 숨만 쉬어도 나온다뀨.

호주의 과학자들이 산호초를 살리기 위해 바닷속으로 로봇을 보냈습니닷. 로봇으로 산호의 알을 포집한 뒤 성장시켜 다시 돌려보낸다고 합니닷. 하지만 그보다 먼저 이산화 탄소를 줄여 지구 온난화를 막기 위한 노력이 필요하겠습니닷!

위험과 싸우는 로봇 특공대

화려하진 않아도 튼튼해요

　로봇이 지구의 환경을 지키는 데 얼마나 큰 도움이 되는지, 이제 모두 알게 되었을 거예요. 하지만 이 정도로 끝일까요?

　만화나 영화에 나오는 로봇들은 모두 멋지고 화려한 모습으로 활약하잖아요. 그럼 지구를 구하는 로봇도 당연히 멋진 모습으로 가장 위험한 곳 어디라도 뛰어들어 활약해야지요!

　아쉽게도 아직까지는 로봇이 사람처럼 두 다리로 걸어 다니며 인간의 친구가 되어 준다거나 소리보다 빠르게 날아다니며 문제를 해결하지는 못해요. 하지만 그 활약은 만화 영화에 나오는 로봇 못지않아요.

　로봇이 얼마나 튼튼한지는 어떤 재료로 만들어졌는지에 따라 다르답니다. 로봇 청소기처럼 일상생활에서 쓰는 간단한 로봇은 알루미늄이나 플라스틱 같은 평범한 재료로 만들어요. 하지만 위험한 환경에서 일하는 로봇은 두랄루민 같은 아주 튼튼한 소재로 만들지요. 비행기를 만드는 재료로도 쓰이는 두랄루민은 아주 가볍고 튼튼한 소재예요.

강철보다 튼튼한 강화 플라스틱도 로봇의 좋은 재료예요. 열에 약하다는 단점이 있지만, 뜨거운 곳에 가지 않는 로봇이라면 안성맞춤인 재료랍니다.

　번쩍이는 황금으로도 로봇을 만들 수 있어요. 황금은 비싸고 무겁지만, 아주 큰 장점이 있거든요. 바로 대부분의 독한 화학 물질을 완벽하게 막아 낸다는 것이지요. 황금은 금속을 녹이는 강산, 생물에게 치명적인 강염기, 무시무시한 독극물 등이 닿아도 아무런 변화가 없어요. 그래서 독한 화학 물질과 만나기 쉬운 로봇은 황금으로 만들거나, 겉면에 얇게 황금을 펴 바른답니다.

무서운 방사능도 견디는 로봇

지구에서 가장 위험한 곳을 꼽으라면 어디가 떠오르나요? 금방이라도 폭발할 듯한 활화산? 상어 떼가 헤엄치는 바다? 메마르고 모래 폭풍이 부는 사막? 물론 그런 곳들도 위험해요. 하지만 충분한 지식과 건강한 몸이 있다면 갈 수 없는 곳은 아니에요.

그런데 이 지구상에 맨몸으로는 절대 혼자 갔다 돌아올 수 없는 장소가 있어요. 바로 방사능 지대랍니다.

방사능은 눈에 보이지 않는 광선인 방사선을 계속해서 내뿜는 일을 말해요. 물론 모든 방사선이 우리 몸에 해로운 것은 아니에요. 태양이 내뿜는 빛도 방사선의 일종이거든요. 하지만 지구에서 방사선을 내뿜는 원소들은 대부분 아주 해롭고 무시무시한 방사선을 내뿜어요. 우라늄, 플루토늄, 라듐 등의 원소가 내뿜는 방사선은 대부분 아주 위험하답니다.

이런 방사능도 자연 상태에서는 그렇게 위험하지 않아요. 땅속에 아주 조금씩 묻혀 있을 뿐이라 방사선도 약하거든요. 그런데 원자력 발전을 하거나 폭탄을 만들 때는 경우가 달라요.

이런 경우, 방사능 물질을 잔뜩 모으고 그걸 또 단단히 압축해야 하는데 압축된 방사능 물질은 강한 방사선을 내뿜거든요. 만지지 않아도 가까이 다가가는 것만으로도 목숨이 위험해요.

압축된 방사능 물질은 반드시 방사선을 막아 내는 튼튼한 보관소에 보관해야 해요. 하지만 보관소를 아무리 튼튼하게 지어도, 사고로 무너질 수가 있답니다. 1986년에 일어난 체르노빌 원자력 발전소 폭발 사고와 2011년에 있었던 후쿠시마 원자력 발전소 사고가 그 사례예요.

체르노빌 원자력 발전소 사고는 사람들의 실수 때문에, 후쿠시마 원자력 발전소 사고는 지진 때문에 발생했어요. 전기를 만들어 내는 원자로에 열을 식힐 물을 채우지 못하자 원자로가 너무 뜨거워져 폭발하면서 방사능이 밖으로 쏟아져 나왔지요. 방사능은 많은 사람과 동식물에 큰 피해를 주었어요. 그리고 여전히 사고가 난 원자로 근처로는 함부로 다가가지 못한답니다.

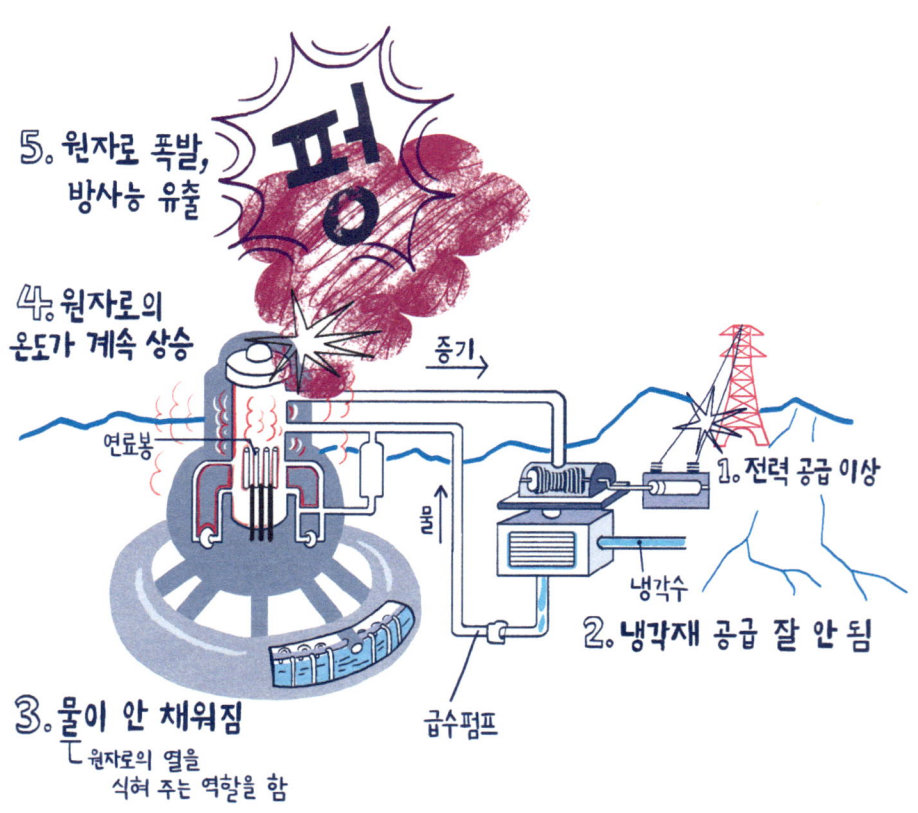

원자로 가까이에는 사람뿐 아니라 로봇도 갈 수 없어요. 강력한 방사선이 로봇을 망가뜨리기도 하거든요. 방사선이 로봇의 전기 회로에 닿으면 방사선에 담긴 에너지가 순간적으로 강한 전기로 바뀌어 흘러요. 로봇의 섬세한 전기 회로는 이 강한 전기를 견디지 못해요. 특히 통신용 안테나와 연결된 전기 회로가 쉽게 망가지지요.

실제로 후쿠시마 원자력 발전소 사고가 난 자리에 로봇을 투입해 방사능이 더 흘러나오는 것을 막으려 한 적도 있었지만, 결국 실패하고 말았어요. 로봇의 통신 장비가 망가져, 리모컨으로 조종할 수가 없었거든요.

이후 방사선으로부터 전기 회로를 지켜 내는 방법이 점차 발전하고 있어요. 너무 강한 전기가 흐르면 그 전기를 공기 중이나 땅으로 흘려보내기도 하고, 애초에 방사선을 막아 내는 재료로 로봇의 중요한 부분을 보호하기도 하지요.

> 방사선은 시간이 지날수록 점점 약해져요. 이때 약해지는 속도를 **반감기**라고 하는데 내뿜는 방사선의 양이 반으로 줄어드는 데 걸리는 시간을 뜻해요. 원자력 발전소에서 쓰는 우라늄은 반감기가 7억 년이에요. 이는 원자력 발전소 사고로 흘러나온 방사선이 절반으로 줄어드는 데 7억 년이 걸린다는 뜻이에요.

방사선이 가득한 지대에서 움직이는 로봇에게는 AI도 중요해요. 통신 장비가 방사선으로 인해 쉽게 망가지는 만큼, 사람이 리모컨으로 조종하거나 명령을 내리지 않아도 스스로 임무를 마쳐야 하니까요.

이렇게 방사능 지대에서도 혼자 움직일 수 있는 로봇을 원자력 발전소에 투입한다면, 원자력 발전소 사고가 일어나기 전에 미리 사고를 예방하거나 사고가 나더라도 곧바로 수습할 수 있을 거예요. 그러면 체르노빌과 후쿠시마에서 발생한 것과 같은 무시무시한 사고는 다시 일어나지 않을 거예요.

위험한 방사능과 정면으로 맞서는 로봇, 어때요? 이만하면 만화 영화에 나오는 영웅 로봇 못지않지요?

로봇은 혼자 움직이며 사고를 예방하거나 수습할 수 있어요.

폭탄을 막아라!

　만약 공원에서 위험한 폭탄이 발견되었다면 무슨 일이 벌어질까요? 일단 경찰이 출동해 사람들을 대피시킬 거예요. 그리고 주변을 비운 다음, 폭탄을 해체하거나 안전한 곳으로 가지고 가서 폭발시킬 거예요.

　폭탄을 해체하거나 옮기는 과정에서 조금이라도 실수를 한다면 그대로 폭발할지도 몰라요. 그래서 폭탄을 처리하는 경찰이나 군인은 모두 로봇과 함께 움직여요. 폭탄을 처리할 때 로봇을 사용하는 것은 이제 당연한 일이 되었답니다.

　경찰과 군인이 모든 폭탄을 처리해 주지 못하는 경우도 있어요. 특히 전쟁이 잦은 나라일수록 그렇답니다. 세계 곳곳에서는 지금도 크고 작은 전쟁이 벌어지고 있어요. 군인들은 서로에게 포탄과 총알을 마구 쏘아 대지요. 그런데 포탄도 불량이 생길 수 있어요. 불량 포탄은 제때 폭발하지 않고 있다가 그냥 땅속에 파묻혀요. 이런 불량 포탄을 불발탄이라고 해요.

폭발하지 않은 불발탄이라도, 불에 가까이 가져가거나 충격이 가해지면 갑자기 터질 수 있어요. 불발탄 때문에 전쟁이 끝나고 난 뒤에도, 다치거나 목숨을 잃는 아이들이 많아요.

전쟁 중에 묻어 둔 지뢰도 심각한 문제가 된답니다. 지뢰는 땅속에 파묻어 두고 그 위를 지나가면 폭발하게 만든 폭탄이에요. 그 자체로도 무시무시한 무기지만, 전쟁이 끝나고도 땅속에 계속 남아 있는 것이 더 문제예요. 지뢰가 묻힌 곳은 사람이 들어가지 못하게 막고, 군인들이 지뢰를 찾아내 제거해야 해요. 하지만 사람이 직접 지뢰를 찾아내 치우는 일은 시간이 아주 오래 걸려요. 그래서 지뢰 지대에 실수로 들어간 사람이나 지나가던 야생 동물이 지뢰를 밟고 다치기도 하지요.

이런 경우 스스로 지뢰와 불발탄을 제거하는 로봇을 만들어 투입하면 어떨까요? 로봇을 이용한다면 위험한 지뢰와 불발탄을 안전하고 빠르게 치울 수 있을 거예요.

지뢰를 제거하는 로봇은 의외로 구조가 간단해요. 커다란 바퀴를 달아 구덩이에 빠지지 않고 장애물도 쉽게 넘도록 해요. 땅속에 파고든 지뢰를 찾아내기 위한 카메라와 금속 탐지기 그리고 가장 중요한 장비인 지뢰를 제거하는 장비를 설치해요.

지뢰는 어떤 장비로 제거할까요? 폭탄의 회로를 잘라 낼 수 있는 작은 가위? 섬세한 로봇 팔? 아니에요, 필요한 건 딱 하나예요. 바로 총!

강철로 만든 튼튼한 로봇은 근처에서 지뢰가 터져도 쉽게 망가지지 않아요. 그래서 지뢰를 찾아내면, 총으로 빵! 하고 쏴 버려요. 주변에 사람이 없을 때 지뢰를 미리 터뜨려 안전하게 사람들이 들어올 수 있도록 하는 거예요.

우주를 날아다니는 로봇

지구의 환경을 지키기 위해 활약하는 로봇들, 정말 멋지지 않나요? 이제 지구 환경에 대해서는 더 이상 알아볼 것이 없을 정도로 상세하게 살핀 것 같은데요. 사실은 아직 중요한 곳이 남아 있답니다. 바로 우주예요!

학자들은 지상으로부터 100킬로미터 높이까지를 지구로, 그 밖을 우주로 정했어요. 그렇지만 실제 지구와 우주는 그렇게 딱 갈라 놓을 수 없답니다. 지구의 공기는 약 1,000킬로미터 높이까지 있거든요. 또 지구의 중력은 그보다 훨씬 먼 곳까지 영향을 끼치고요.

게다가 우주에도 사람이 살아요. ISS라고 하는 우주 정거장에 최대 여섯 명의 사람이 지내며 과학 실험을 하고 있어요. 그러니까 여섯 명 정도의 지구인이 우주에 살고 있는 셈이지요. 이제 우주의 환경도 우리가 지켜야 할 환경이 되어 가고 있어요.

우주의 환경을 위협하는 것은 바로 우주 쓰레기예요.

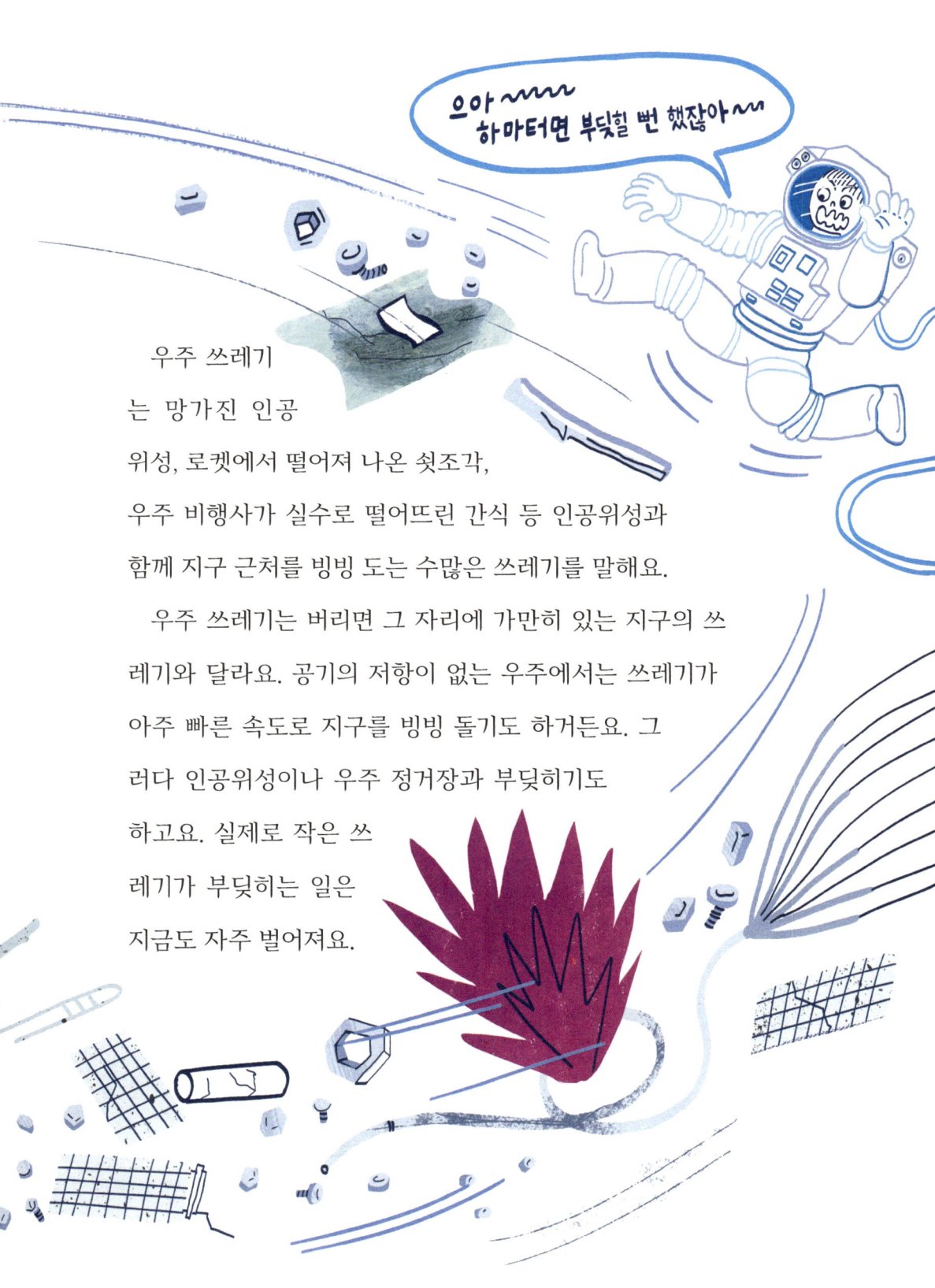

우주 쓰레기는 망가진 인공위성, 로켓에서 떨어져 나온 쇳조각, 우주 비행사가 실수로 떨어뜨린 간식 등 인공위성과 함께 지구 근처를 빙빙 도는 수많은 쓰레기를 말해요.

우주 쓰레기는 버리면 그 자리에 가만히 있는 지구의 쓰레기와 달라요. 공기의 저항이 없는 우주에서는 쓰레기가 아주 빠른 속도로 지구를 빙빙 돌기도 하거든요. 그러다 인공위성이나 우주 정거장과 부딪히기도 하고요. 실제로 작은 쓰레기가 부딪히는 일은 지금도 자주 벌어져요.

아직까지는 그런 사고가 없었지만, 만약 크고 단단한 우주 쓰레기가 우주 정거장에 부딪히면 어떻게 될까요? 우주 정거장에 큰 구멍이 나고, 그 안에 있는 사람들이 위험해질 거예요. 혹은 통신 위성에 부딪힌다면 새 인공위성을 쏘기 전까지 휴대 전화를 마음껏 쓰지 못하겠지요. 우주 쓰레기가 일으키는 우주 환경 문제, 심각하지요?

우주 쓰레기는 아주 넓게 퍼져 있어요. 게다가 빠르게 날아다니기 때문에 눈에 잘 띄지도 않아요. 우주 쓰레기를 치우려면 아주 오랜 시간 우주에 머물러야 해요. 만약 사람이 직접 우주에 머물며 쓰레기를 치운다면 많은 양의 산소와 물, 음식 등이 필요하겠지요.

우주 쓰레기를 청소하는 법

[1. 레이저 발사 → 쓰레기를 태운다.]

[2. 커다란 끈끈이로 우주 쓰레기를 청소한다.]

❶ 우주를 유유히 날아다닌다.

하지만 전기만 충분하다면 로봇이 얼마든지 우주 쓰레기를 치울 수 있답니다.

우주 쓰레기를 치우는 방법에는 여러 가지가 있어요. 커다란 끈끈이로 우주 쓰레기를 청소하는 방법, 레이저를 발사해 쓰레기를 태우는 방법, 자석을 이용해 우주 쓰레기를 끌어모으는 방법 등 여러 과학자가 머리를 싸매고 연구하고 있지요. 청소 로봇에 성능 좋은 배터리나 태양 전지를 달면 아주 오랜 시간 우주에서 움직일 수 있겠지요? 어떤 방법이든 로봇이 큰 역할을 맡게 될 거예요.

우주 쓰레기를 청소하는 로봇, 우주를 위기로부터 구하기 위해 싸우는 로봇이에요!

함께 지키는 지구

　로봇이 함께한다면 우리는 소중한 지구를 더 안전하게 지켜 낼 수 있을 거예요. 그럼 로봇을 많이 만들면 더 쉽고 빠르게 환경을 지킬 수 있을까요?

　로봇은 모든 것을 다 해결해 주는 해결사가 아니에요. 만능이 아니거든요. 로봇은 지치지 않고 움직이지만, 대신 정해진 일밖에 하지 못해요. 물론 딥러닝을 통해 뛰어난 AI를 지닌 로봇은 여러 위험한 사태에 대비할 수 있지만, 그렇다고 없는 도구를 만들어 내지는 못해요. 로봇 물고기에게 화산을 조사하라고 시킨다면 어떨까요? 아무 일도 하지 못할 거예요. 로봇을 잘 만들어 내고 적절한 곳에 투입하는 것은 모두 사람이 할 일이랍니다.

　오히려 로봇으로 인해 환경이 오염될 수도 있어요. 로봇을 만들 때 여러 재료가 들어가는데 그중에 철, 알루미늄 등의 금속을 만들어 낼 때는 많은 에너지가 필요하거든요. 석탄을 태우거나 강한 전기를 흘려보내, 땅에서 캐낸 광석이나 재활용 금속을 녹여 좋은 금속을 얻지요.

　전기로 움직이는 로봇은 배터리를 충전해야 해요. 그런데 배터리를 충전할 때도 전기가 필요해요. 그리고 그 전기는 대부분 원자력 발전소나 화력 발전소에서 나온답니다. 원자력 발전소에서는 방사능 폐기물이, 화력 발전소에서는 지구 온난화를 일으키는 이산화 탄소가 나와요. 그러니까 배터리를 충전할 때마다 환경을 조금씩 해치고 있는 거예요.

이처럼 로봇은 인간에게 이로움을 주기도 하지만 완벽하지는 않아요. 모든 일을 로봇이 해결해 주지도 않고요. 로봇의 효과가 로봇을 움직일 때 드는 비용보다 클 때 비로소 로봇을 제대로 활용할 수 있어요. 그렇지 않으면 환경을 지키라고 보낸 로봇이 오히려 환경을 더럽힐 수 있지요.

그래서 더 좋은 로봇, 더 적은 에너지로 더 큰 효과를 내는 로봇을 만들어야 해요. 이런 로봇을 바로 효율적인 로봇이라고 한답니다. 더 효율적인 로봇을 만들기 위해 지금도 세계 곳곳의 과학자와 공학자가 머리를 모으고 있어요.

로봇의 몸체를 만드는 기술은 일본이 가장 뛰어나요. 특히 사람처럼 움직이는 로봇을 잘 만들지요. 로봇을 두 다리로 걷게 하는 일은 정말 어려워요. 사람이 걸을 때 발목과 무릎, 허리를 동시에 움직이는 것처럼, 로봇도 여러 관절을 동시에 발맞춰 움직여야 하기 때문이에요. 이런 기술은 주로 일본의 기술자들이나 로봇 연구실에서 앞선 역량을 보여 주고 있어요.

미국은 세계에서 로봇 기술이 가장 앞선 나라지만, 주로 로봇의 AI를 만드는 데 가장 뛰어난 능력을 보여 줘요. 딥러닝을 이용한 바둑 AI 알파고를 선보이며 사람들에게 딥러닝 AI의 가능성을 보여 준 구글사도 미국의 회사지요. 미국의 NASA도 우주 개발에 필요한 AI를 연구하고 있는데, 이 AI는 우주 개발뿐 아니라 지구 환경을 위해서도 쓸 수 있답니다.

독일, 프랑스 등 유럽은 로봇의 시스템을 만드는 데 주로 힘을 쏟고 있어요. 여러 로봇이 서로 협력해야 할 때 역할을 나누거나, 로봇이 해야 할 일의 우선순위를 정해 주는 시스템이지요. 시스템 역시 몸체나 AI를 만드는 것 못지않게 중요해요. 아무리 성능이 좋은 로봇이라도 필요할 때 그 일을 수행하지 못하면 아무런 도움이 되지 않으니까요.

> **알파고**가 나타나기 전만 해도 인공지능 프로그램은 프로 바둑 선수를 이길 수 없다고 말하는 사람이 많았어요. 바둑은 아주 복잡하고 어려운 게임이거든요. 하지만 딥러닝 AI인 알파고가 세계 최고의 바둑 선수들을 이기자 사람들은 큰 충격을 받았어요. 지금은 알파고가 AI를 대표하는 이름처럼 쓰인답니다.

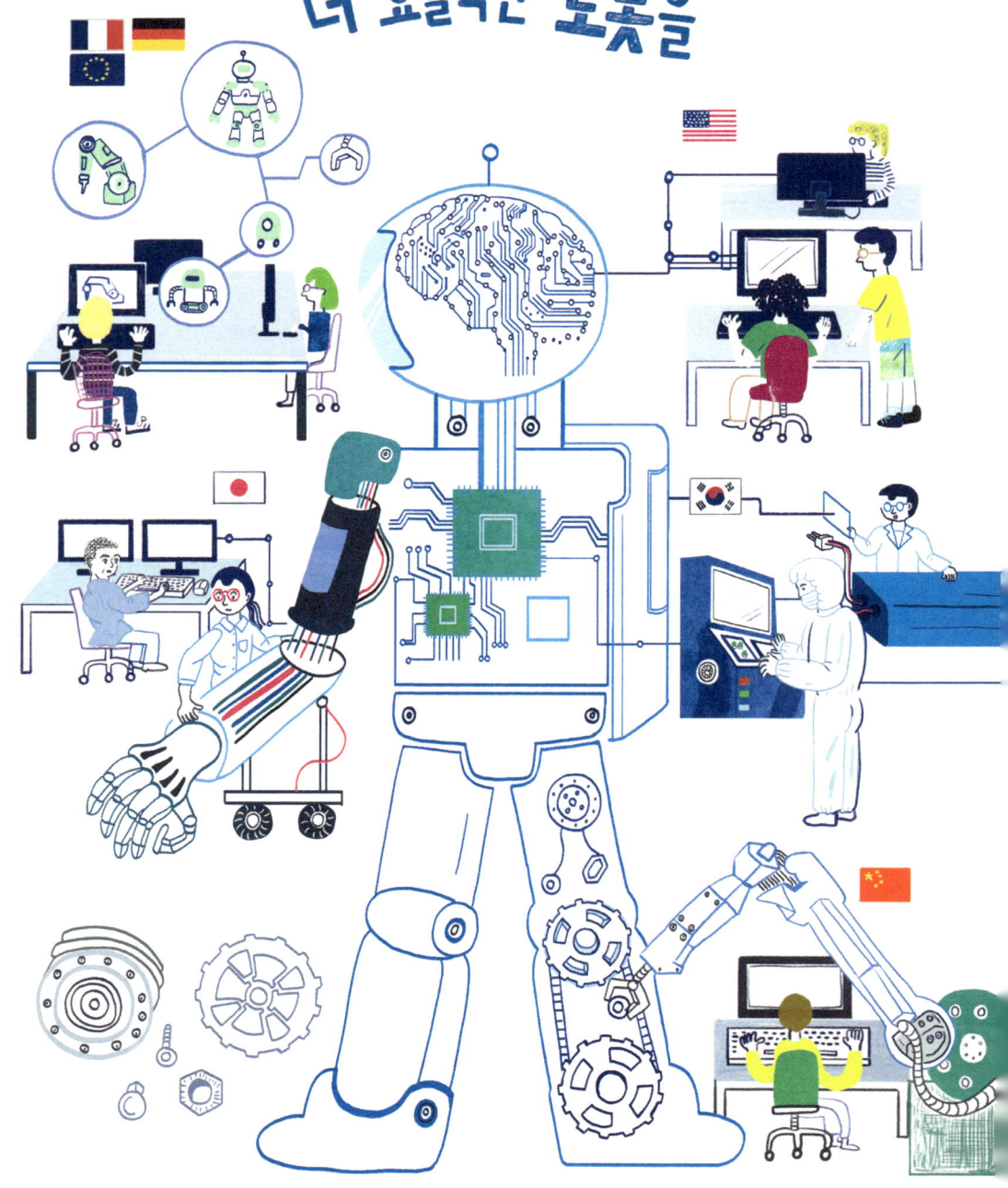

우리나라는 주로 로봇에 들어가는 부품을 만들어요. 특히 로봇에 들어가는 반도체를 가장 많이 만든답니다. 또 로봇의 배터리 기술도 세계 최고예요. 아무리 좋은 로봇이라도 배터리가 없으면 움직일 수 없지요.

마지막으로 세계 곳곳에서 연구된 로봇 기술과 부품을 합쳐 하나의 로봇으로 만드는 일은 주로 중국이 맡아요. 그래서 숫자로만 본다면 중국의 로봇이 세계에서 가장 많아요.

아직은 대부분 간단한 로봇이지만, 모두가 함께 연구한 기술을 적용한다면 머지않아 값싸고 성능이 좋은 로봇을 잔뜩 만들어 낼 수 있을 거예요.

지구 환경을 지키는 로봇을 만드는 일은 경쟁이 아니에요! 모두가 힘을 합치고, 서로의 장점을 하나로 모아 더 효율적인 로봇을 만들어야 해요. 그래야 로봇이 우리가 사는 이 지구를 더 안전하게 지킬 수 있을 테니까요.

환경 탐정 뀨와 공학특공대

원자력 발전소에 무슨 일이?

무슨 일이 있었길래 후쿠시마 원자력 발전소에 이런 무시무시한 사고가 났냐뀨! 지진이 났을 때 커다란 쓰나미가 발전소를 덮쳤다던데 쓰나미가 원자로를 부쉈냐뀨?

원자로는 아주 튼튼하게 만들어집니닷. 원자력 발전소에는 원자로에 물을 공급하는 물 펌프가 있는데, 이 펌프가 쓰나미로 고장이 나 원자로를 식혀 주는 냉각수를 충분히 넣지 못한 것이 원인이라고 합니닷!

그래서 원자로 안쪽이 점점 뜨거워져, 벽이 녹고 안쪽에 있는 우라늄이 겉으로 드러난 거로군. 그런데 후쿠시마 원자력 발전소는 바다 옆에 있는데 바닷물이라도 가져다 쏟아부으면 되지 않았냐뀨?

원자로에 바닷물을 부으면 다시는 그 원자로를 쓸 수 없다고 합니닷. 그래서 펌프를 고치려다가, 그만 때를 놓쳐 사고가 커지고 말았다고 합니닷. 결국 사람들의 욕심이 만들어 낸 사고입니닷!

부산 기장군 장안읍에 위치한 고리 원자력 발전소의 모습

흠. 우리나라에도 스무 개가 넘는 원자력 발전소가 운영 중인데 걱정된다뀨.

걱정 마십시욧! 프랑스 노장슈르센에서는 원자력 발전소 냉각수로 활용되는 강물을 주민들도 사용한다고 합니닷! 뭐든 안전 제일입니닷!